明亮的灯

周小华 编

华南理工大学出版社

·广州·

图书在版编目(CIP)数据

明亮的灯/周小华编. —广州：华南理工大学出版社，2018.12
ISBN 978-7-5623-5881-7

Ⅰ. ①明… Ⅱ. ①周… Ⅲ. ①中学语文-教学研究 Ⅳ. ①G633.302

中国版本图书馆 CIP 数据核字(2018)292831 号

Mingliang De Deng

明亮的灯

周小华　编

出 版 人：卢家明
出版发行：华南理工大学出版社
　　　　　（广州五山华南理工大学17号楼，邮编510640）
　　　　　http://www.scutpress.com.cn　E-mail：scutc13@scut.edu.cn
　　　　　营销部电话：020-87113487　87111048（传真）
责任编辑：欧建岸
印　刷　者：广州一龙印刷有限公司
开　　本：787mm×960mm　1/16　印张：15　字数：228 千
版　　次：2018 年 12 月第 1 版　2018 年 12 月第 1 次印刷
定　　价：40.00 元

版权所有　盗版必究　　印装差错　负责调换

序言

漫步诗意的心灵

很喜欢《明亮的灯》这个书名。它是一个美好而充满诗意的意象，意蕴丰富，温暖、柔和而又充满希望。一个个新教师就是教育的一盏盏明亮的灯。

一口气读完了这本书，如同穿越一个"交叉小径的花园"，宁静、安适、平和。每一位新教师就是一条小径，彼此交叉的一条条小径让教育的花园变得如此绚丽夺目。

小华作为顺德区中学语文课堂技能培训的指导老师，他有着深厚的专业底蕴、宽广的专业视野，从课程的独特设计到课堂的精彩演绎，他用前瞻的目光为新教师洞开了一扇又一扇知识之窗、思想之门。《明亮的灯》这本书，是学员对小华老师中学语文课堂技能培训的真实记录、真切思考和真诚感悟。

本书共分为五辑：守望与追寻、情怀与诗意、回望与沉潜、反思与前行、憧憬与希冀。小华老师的课程设计体现了他的独立思考和鲜明个性。持续一个多月的课程，仅仅五次，体现了"道术并重，知行合一"的设计理念。

他以《做一名有专业尊严的教师》开启专业培训的序幕，从"道"的层面，直抵专业语文教师的"价值追问"。以"我专业吗"的问题导入，引发新教师深刻的专业省思和终极的价值追寻。接着，他以十个关键词概括一名有专业尊严的中学语文教师应具备的素养：视野（人文视野、科学视野、技术视野）、底蕴（见解力、创造力）、修为（优雅、责任）、情趣（阳光、亲和、幽默）、语言力（得体、精准、干净、清晰）、驾驭力（课堂组织、节奏把控、问题意识、智慧应对）、阅读力（阅读的筛选力、文本的解读力）、写作力（写作的敏感力、写作的表达力）、理论力（理论视野、理论融合、理论构建）、统整力（知识统整、学科统整、课程统整）。讲座整体设计高屋建瓴，足见其理性的思考和独特的思想。

接着，依然基于"道"，小华把握住语文教师专业之根——读书，设计讲座《凝望书中的宇宙——悦享读书之美》。他认为，读书的价值就是"点燃生命的火种，温暖冰冷的灵魂，给予前行的力量，绽放思辨的光芒"；教师要建构系统的、经典的、前瞻的以及穿越生命的阅读书系，培养自己的精神气质；每一本书就是一个宇宙，教师徜徉其中，去感受文字之美、情感之美和思想之美。从苏格拉底到孔子，从南怀瑾到叶曼，从杜威到陶行知，从史铁生到阎连科……一次短暂的培训却是一场盛大的精神之旅。他认为，"文学是灵魂的舞蹈，是生命的传奇。"他以阎连科和孔子为例，用鲜活、传奇的人生经历，诠释了文学的意义和价值。而且，他还认为，真正的阅读应带着情怀与批判性思维，在思悟与思辨中品味动人的情感、感受思想的魅力。

从"术"的层面，小华立足课堂，设计了《语文课堂教学的艺术思辨》和《操千曲而后晓声，观千剑而后识器——如何有效观课》两个专题讲座。他抓住课堂教学的八大思辨：增补删减、能进能出、收放自如、内外兼收、点面结合、似少实多、取舍之道、动静相宜，以生动、经典的课例，剖析了课堂艺术的规律，带给学员诸多启发与思考。他指出，科学系统地观课需把握四个维度：学生学习、教师教学、课程性质、课程文化。接着，从20个视角，结合具体课例细腻地解读，清晰而系统。整个观课系统框架，精细、规范、科学。

接下来，是课堂实践。学员把小华老师关于课堂教学处理的艺术应用到自己的课堂中，并相互听课，交流分享，互促互进，更好地领会课堂教学艺术的精髓。另外，还集体观摩同课异构课，利用系统观课的知识，分享展示，思想碰撞，以更好地促进新教师专业化成长。

阅读这本书，如同漫步诗意的心灵，体会小华的教育诗性、情怀和思想。他的每一个讲座都凸显他的教育气质、深度思考，他拒绝长篇宏论，而是以儒雅的个性气质、以娓娓的语言方式、以宽广的知识视野、以深度的终极追寻，引领学员们漫步诗意的教育之旅。

这本书绝不是学员简单的培训总结，而是融注了小华对教育的执著追求、深挚情怀和独立思想，还真实呈现了学员入职之初的焦虑、彷徨、疲惫、抱怨和迷惘，从某种意义上说，这本书即是学员入职之初的一段心灵史。书中有学员的自我观照、自我省思、浪漫诗意和美好憧憬。徜徉书中，漫步诗意的心灵，不止是小华的心灵，还有一个个新教师的心灵。

"循着声音，抬头，便看见站在楼梯间温和、微笑着的周小华老师，外表低调又素朴，正是书上谦谦君子、儒雅学者的形象。春光不及夏阳炙热，却一如周老师那般和煦、温暖。"在学员心中，老师就是这样一份诗意。

小华的讲座独特、有内涵、充满诗意，正因为如此，他的学员才会写下精彩的《生命的洗礼》。文章运用故事思维，通过浪漫的想象，用文学的笔法，把五次培训构建成一个鲜活动人的故事：年轻人上山修炼，相约于自然大课堂，与师父对话，历经五堂精妙绝伦的课。精彩的讲座化为文学的浪漫，这是怎样的诗意心灵的对遇。

《"忽逢桃花林"：给自己一个新的起点》中写道："2017 年开学后在周老师的培训课堂里，又一次丰富了我心中那自然美、人文美的桃花源世界，开拓了我心中桃花源的视野边界，同时让我见识到了更广博、更幽深的语文教学空间。我又再次接受了心灵上的历练与教学思想上的洗礼。"师生在其乐融融的课堂里，诗意涌动，思想辉映，美妙绝伦。

在辽阔而又充满可能的语文世界里，找寻到了一片纯净的桃花林，这是多么弥足珍贵！

"就是在这么混沌的状态下，开始听您说话。您的声音很好听，有一种播音腔的味道，发音很正很准，中气很足，声音却不重，慢条斯理却柔中带刚地开始讲为师的信念、为师的素养。"当我读到这段话时，脑海里浮现出一幅为师者最美的画面：安静、平和而又充满思想的力量。

想象着，还会是那个春水初生、春林初盛的春天，相约在某一个阶梯室，一位温和的教师，一群求知的新教师，一双双渴求的眼神，一次次精神的相遇，一个个思想的绽放，凝结成一幅圣洁的画面，纯美而灵动。

漫步诗意的心灵，简单而纯粹。

深圳市罗湖区教育科学研究院　鲁艳
广东省特级教师　正高级教师
2018年12月28日

目　录

辑一　守望与追寻
　　且行且思 /3
　　路在脚下，梦在远方 /7
　　即便是"菜鸟"也要高飞 /12
　　觅渡，觅渡，渡往何处 /16
　　愿把金针度与人 /20
　　得吾心矣 /25
　　不负此生，野蛮生长 /29
　　漫路其修远，求索永不息 /33
　　不忘初心，砥砺前行 /38

辑二　情怀与诗意
　　采·思 /45
　　"忽逢桃花林"：人生一个新的起点 /50
　　四月里的歌唱 /54
　　共悦·共阅·共跃 /59
　　心灵的旅行，艺术的享受 /64
　　给学生多点"关怀" /69
　　带领学生诗意地飞翔 /73
　　教育情怀入乎全心 /77
　　行走在阳光之中，静默于希望之暖 /83

辑三　回望与沉潜
　　又待木棉花开时 /91
　　过去与现在的完美邂逅 /96

年轻人当如何为师 /101
人生不应如逆旅 /106
成长，在起、承、转、合中绽放 /111
"内外"兼修，勿忘初心 /116
作为语文教师的"道"与"术" /121
精神食粮伴终生，踏石留印学留痕 /126
纸上得来未尝浅，亦知教育要躬行 /130

辑四　反思与前行

三分，足矣 /137
我与语文的"起承转合" /141
职业起点的语文教育之思 /147
漫步在学与行之间 /152
不断反思，不断改变，不断成长 /157
从学习中反思，在要求中成长 /165
育人者必先育己，育己者勿忘初心 /170
思想与行动在路上 /174
"一言堂"不是洪水猛兽 /179

辑五　憧憬与希冀

让自己成为一汪活泉 /187
生命的洗礼 /192
成为一名有驾驭能力的语文老师 /198
春花无数，毕竟何如秋实 /203
耐心修炼，静待花开 /208
憧憬拥有"一间辽阔的教室" /213
人·师 /218
做一个专业、勤学、严谨的语文老师 /223

后记：回首向来"诗意"处 /229

辑一　守望与追寻

且行且思

杏花微雨的季节，我有幸遇见了你们，邂逅了一段旅途，这一路拾掇英华，且行且思。

还记得，那日杏坛初相遇，您向我们提出了一个关于"我是谁"的问题——"专业的自我是怎样的？"看着侃侃而谈的学员，我沉默了，确实，我没有他们那么深厚的理论基础，我只是一个普通独立学院文学系的本科毕业生。

曾经的我在报社跑过新闻，在电台做过播音，也在网媒做过编辑，或许曾经的我可以有许多不同的人生选择，我也曾千百次问自己，未来我要去向何方。可是自从大四站上了三尺讲台，我最终选择了执教杏坛、教书育人这条路。或许这源于当初在补习班带学生时深深烙印于心中的孩子那求知、纯真的眼神，或许源于父亲一生教书育人的影响。

我半路出家，没有专业的理论背景，也没有系统的教育学理论、专业语文教学学习。于我而言，何谓专业？那一瞬间闪过我脑海的是对于考纲、教材的研读，是"胸藏文墨怀若谷、腹有诗书气自华"的内在涵养，是行云流水的口头表达。

而接下来，您旁征博引，为我打开了一个全新的世界。您提出的关于专业的"语言力""驾驭力""阅读力""写作力""理论力"和"统整力"，这几个关键词让我认识到作为一个语文老师要不断阅读，才能审视自我、丰富自我、提升自我，给学生呈现一个立体且多彩的世界。

我不禁想起，去年行走川西甘南的一个月，让我见识了不一样的风土人情，更让我积累了许多素材。记得在为孩子们上《天上的街市》

时，我让孩子们欣赏了青海湖边璀璨的星空，也为孩子们讲述了在扎尕那的篝火中蓦然仰望星空的悸动，这些都是最美好的生命体验，也让孩子们对于外面的世界多了几分好奇与向往。而您提出的课堂统整、学科统整等理念为我展现了未来课堂不一样的可能性，让我对未来充满期待与憧憬。

您还提出"视野""底蕴""修为""情趣"，这些似乎与专业无关的关键词，无论对于教学还是我们的人生，都极为重要。您说，博闻强识方能彰显课堂生命力，胸有丘壑方能指点江山，底蕴深厚方能从容淡定，魅力无穷方能感染学生，充满情趣方能诗意栖居。一天下来，您简洁凝练的语言让人如沐春风，也让我深深地意识到：在人生最狂妄的年龄，在这执教杏坛的路上，没有理由轻言放弃，"既然选择了远方，便只顾风雨兼程"，不断去追寻一个专业的自我。

再相见，您说"但得爱书人似我"。您认为，为人师者需要拥有陈寅恪先生提出的"独立之精神，自由之思想"。这不禁让我想起了我的大学时代，被誉为"岭南第一学社"的中大金字塔学社，追求的正是这种自由与独立。它倡导多元并存、兼容并蓄，注重独立思考，注重经典阅读，注重民生关注，注重思想碰撞，它激励着一代又一代的"金字塔人"不断地精神跋涉。在那里，思想不是孤傲而冰冷的自恃清高，而是相互碰撞、彼此共鸣；在那里，学术不是枯燥、僵死的故纸说教，而是火花四溅、天马行空。你可以讨论"中国的税收体系"，也可以痛呼"贫乏时代，思想何为"；可以认同教授的精辟见解，也可以班门弄斧，提出"异见"。而这所有的一切，都需要让自己沉静下来，不断阅读，不断思考，不断沉淀。

这不禁让我反思，这些年自己似乎倦怠了，许久都不曾翻开一本书去丰富一下自己，去品味开卷有益的美好。是不是如今的生活让我失去了追求，不再愿审视自己，改变自己？抑或是我的血液里已缺失思辨，易于从众，随波逐流？

您引用了博尔赫斯《关于天赐的诗》："我心里一直都在暗暗设想，

天堂应该是图书馆的模样。"那是一个怎样美好的世界！我不禁思考，是否我们真的走得太匆忙，匆忙得我们不知为何而走，又将去向何方。或许，我们真的应该停下脚步，回首看看来时的路，心怀敬畏，永葆初心，为自己点上一盏明灯，学会给自己"精神化妆"，重塑一个充满书卷气质的形象。我希望，如今已走出象牙塔的自己坚持求知，心怀感恩，带着批判与情怀去阅读，沉淀积累，去伪存真，阅享人生。这种阅读不为名利，只为失意时可以坦然地说"竹杖芒鞋轻胜马，谁怕？一蓑烟雨任平生"，可以潇洒地说"仰天大笑出门去，我辈岂是蓬蒿人"；只为烦躁时可以向往一种"结庐在人境，而无车马喧"的悠然。诚如纪德曾说："如果说我们的灵魂多少有些价值，那是因为它比其他灵魂燃烧得更炽热。"既然选择了教书育人、传承文化这条路，便让我以"星星之火"，点燃生命的火种，让我用书香浸染的灵魂，唤起学生对知识的尊重、热爱，让阅读的信念代代相传，点亮生命，滋养灵魂。

守诺相约，我和林祎敏老师开展同课异构。战战兢兢地准备，却始终寻不着思路，直到上课前才匆匆准备完一堂中规中矩的课，忐忑地等待着铃声，或许是内心的不自信，总有一份担忧，担忧课堂设计，担忧课堂把控，也担忧教学风格，但也总算是完成了。虽然遗漏了一些知识点，虽然对于写作手法等讲解得不是很到位，虽然对于文章主题讲解不是很透彻，但我在孩子们的身上看到了希望。从最初教他们时的失落与无奈，到如今渐渐形成的默契，看到他们点滴进步与蜕变，心中满是欣慰。在他们身上，我看到了曾经的自己也看到了无限的可能，而同行们的点评更是让我如获至宝，是他们让我清晰地认识到自己的问题：对课堂细节把握不到位，对学生关注不到位等等，暴露的问题让我明白"路漫漫其修远兮"。杏坛之路上，我还有很多需要学习，需要成长，需要蜕变。此次最大的收获是让我真正明白"人外有人"。我看到了祎敏老师精彩的导语，她从熟知的《秋词》引入，顺势引出刘禹锡的气节，为下面对《陋室铭》背景的介绍做了很好的铺垫，过渡自然，一举两得；我也看到了她两个新颖、独特的教学设计环节："走进陋室，我仿佛看到了……"和"当一回刘禹锡……"。利用情景教学法，不仅加深了学生对文章内容的理解，而且打开了学生想象的翅膀，激活了学生对知识的深刻体验。

"操千曲而后晓声，观千剑而后识器。"曾经的我也算是听了不少课，喜欢在别人的课堂中寻找自己教学的灵感，却一直从不曾细思"如何系统准确地评价一堂课"，而您系统、详尽的讲解，让我明白原来观课也大有乾坤。"纸上得来终觉浅，绝知此事要躬行"。通过这次"学而时习之"的锤炼，让我"见贤思齐"，也让我在未来之路上走得更坚定、更踏实。

短短五次相遇，似人生中一场虔诚的修行，每一次擦肩，我都放慢脚步，让此时能有一刻停止，可以让我驻步流连，静静思索。诚如莫言先生所言："当你的才华还撑不起你的野心的时候，你就应该静下心来学习；当你的能力还驾驭不了你的目标时，就应该沉下心来历练；梦想，不是浮躁，而是沉淀和积累，只有拼出来的美丽，没有等出来的辉煌，机会永远是留给最渴望的那个人，学会与内心深处的你对话，问问自己，想要怎样的人生，静心学习，耐心沉淀，送给自己，共勉。"

也许，曾经的我并不优秀，没有值得炫耀的学历，也没有专业的师范学习；也许，迷途的惆怅会扯碎我追逐的脚步，可我相信"雄关漫道真如铁，而今迈步从头越"，只要坚定地走下去，未来终会给我一双圆梦的翅膀。

相聚匆匆，难说再见。愿五年之期，且行且思，再回首，那年杏花微雨，不负韶华。

(顺德区勒流富安初级中学　叶伊娃)

路在脚下，梦在远方

时光如梭，为期五次的专题培训，仿佛就发生在昨天，周小华老师的谆谆教诲犹在耳边萦绕。回想这一个多月的培训时光，有过欢笑、有过辛劳，但最终留在脑海中的是满满的收获。

起·回顾

一千个读者眼中有一千个哈姆雷特。对于同样的事物，每个人都有着不同的解读。对我而言，第二场培训开始，我开始了有趣的"干货"之旅与思想的碰撞。

"但得爱书人似我"，从悦享读书之美开始，周老师用他那丰富的人生及阅读经历，和我们一起畅谈人生，寻找诗和远方。"我心里一直都在暗暗设想：天堂应该是图书馆的模样"让已然沉睡在内心深处的理想与梦想有了些许萌动；孔子"不愤不启、不悱不发，举一隅不以三隅反，则不复也"的思想，让我们重新思考了高效课堂的密码——教育的内容、契机、策略以及成效；有意或无意中流露出的"书单"，让我重新审视自己，重整行囊，走在了新"长征"的路上；问题式教学的提出，让师生关系重新回到了两千多年前的伯罗奔尼撒半岛与齐鲁大地。

"操千曲而后晓声，观千剑而后识器。"如何有效观课，是所有教师要面对的一个永恒问题。周老师没有长篇大论、引经据典地做着报告，而是巧设问题——"课堂是孤立的吗？"引发了大家的思考与讨论，并最终得出了"课程是立体的，教学是线性的，课堂是点状的"

的观点。紧接着，周老师从叶澜先生和顾泠沅先生的教育思想出发，深入浅出、层层深入，引导着大家思考，最终进入观课的核心——"四维"观课，即从学生学习、教师教学、课程性质、课程文化四个维度出发，进行高效观课。

第四次培训为实操环节，非常有幸能够前往位于勒流镇的富安中学，利用"新鲜出炉"的知识，观摩了叶老师和林老师的PK课《陋室铭》。两种不同的教学风格，给人留下了深刻的印象和浓浓的反思。

最后一场是小组展示，每组选派一名代表，对本组观课成果进行集中展示。每组展示完毕后，周老师都精准地对其内容进行点评，"干货""金句"不断涌现。

承·感受

如果说感受，其实有些复杂，酸甜苦辣咸，个中滋味，可谓一言难尽。坦率地说，最初的感受是从"碰撞"开始的。作为一个毕业之后一直兼任教学和班主任工作的语文老师，每天琐碎的杂事和重复的沟通，使得"诗和远方"已然有些许遥远，"面包牛奶"成了一种不得不直面的现实。再次面对第斯多惠那句"教育的艺术不在于传授知识和本领，而在于激励、唤醒和鼓舞"时，似乎有些许嘲讽。心想，"第老先生估计是没当过现在中国学生的班主任兼任课教师，能保证学生不逃课，常规不出问题，就已经是一种成功了……心灵导师，那是万万做不到啊……"但随着培训的深入，我不由地反思"尽可能地帮助、引导所有孩子成为未来对社会有所帮助的人"，难道不是当年从教的初心吗？在不知不觉中，我慢慢地忘却了它，正慢慢地变成了当初鄙视的那种人。

读研期间，曾帮导师进行了中英双语版《论语》等"四书"的校稿。对于他人对儒家经典作品的重新解读有些敏感，会有些许"挑刺"。面对"宰予昼寝"这个片段，如果不全篇通读，就很容易产生误读。但在聆听的过程中，开始了重新自我发问："你原先知道的就一定是正确的吗？时隔两千多年，孰是孰非，都已不是重点，世界是多元的，观点更应该是多元的！倾听思考比先入为主的质疑更重要。"通过过与周老师的交流，在很多方面，我获得了全新的、深入的思考。

观课和评课，在某种程度上，是我的一个弱项。听其他学科的课，往往不自觉地被内容所吸引，最后变成了一名学生；听本学科的课，正如曹丕在《典论·论文》中说的"文人相轻，自古而然"那样，"吐槽"和"亮星星眼"成了听课的主要内容，无法通过观课来提高自身的业务素养。通过本次培训学习，我明白了一堂有意义、有效率、有生成性、有待充实、常态下的课，才是一堂真正的好课。而通过"语言的建构与运用"，将"思维发展与提升""审美鉴赏与创造""文化传承与理解"包融其中，方为语文学习的核心素养。因此，观课的正确打开方式应该是关注以下几个方面：

1. 学生学习方面：关注学生课前准备，观察学生倾听状态；分析学生互动过程；了解学生自主学习；测评学生目标达成。

2. 教师教学方面：明确教师环节设计；聚焦教师教学呈现；倾听师生对话互动；关注教师有效指导；欣赏教师机智应变。

3. 课堂性质方面：明确清晰教学目标；选取合适教学内容；关注全程有效实施；重视利用评价信息；善于调动有效资源。

4. 课程文化方面：深化思考认知；培养课堂民主；提升创新思维；重视个体关爱；关注师生特质。

由抽象的理论方法转为可操作的具体技能，是需要时间磨合的。在这个过程中，尽管出现过观课的浅表化、两极化、零散化等毛病，但前进的过程总会有不断的进步和意外的惊喜。

转·收获

时间虽短，但收获颇丰，可谓满载而归。其中，最重要的一条便是

"勿忘初心"。漫漫人生路，我们会经历很多，其实真正的成功不是在最初的时候，你的视野有多宽广、能够想到什么、制定多么远大的目标，而是在历经沧桑之后，还能坚持最初的梦想。

"面包牛奶""诗和远方"，完全不必进行人为的切割和对立，它们都是人类健康成长的必需品。所谓的对立，也不外乎是人类在外延条件下的一种假设，在一定条件下，两者是可以共生的。只有"面包牛奶"会让我们变得低俗，而仅顾"诗和远方"又会让我们脱离实际。脚踏实地地融入这个世俗社会，有底线地享受生活、丰富自身，方为正道。

阅读，可以是一种挑战，也可以是一种享受，关键在于你如何选择与看待它。正如弗朗西斯·培根在《论读书》中说的那样："过度沉溺于学习是怠惰；过度炫耀学问是华而不实……有些书可以浅尝辄止，有些书可以生吞，而有少数书应该细嚼慢咽，融会贯通……读史使人明智，读诗使人聪颖，算数使人缜密，自然哲学使人深刻，伦理使人庄重，逻辑与修辞使人善辩。"选择不同的养分非常重要。为消遣而读的书，终有一天会被忘却；而为丰富自身而阅读的书，将会化为精神营养，相伴终生。

谈完了"形而上"，让我们回到语文的"形而下"，回归到语文教学本身。此次培训，我业务能力上最大的提高就是初步学会了高效观课的方法技能——"四维"观课法。运用新学的观课技能，重新审视叶老师和林老师所上的两节"同课异构"课，通过不断分析、解构和重构，每次思考，都会有新的体会、新的收获。创造性思维来源于对原有事物的批判性思考，而批判性思考则建立在扎实的多学科知识背景下。因此，我不由自主地对自己说："开始学习吧，青年！"

合·思考

虽说，"人类一思考，上帝便发笑"，但人类的特性便是无时无刻不在思考。整个学习过程中，我曾考虑过教材文本选择的合理性（为教育而创造的文本是否应被替换?);探讨过教师举例的证实性(没有经过查证确认的传说事件能否作为文章背景告知学生?);思考过理想与现实的差异性(我们期待的理想教育遇上现实问题时,应该如何取舍?);对比过中外教育的异同点(全球化竞争时代,母语教育给我们的特质/核心竞争力是什么?通过教育对比,我们要学的是什么?哪些是我们不能放弃的?)。期间,通过观点的分享与对话,对问题的看法也越来越清晰。

有时候,也在思考,世界是在不断变化的,我们教给孩子们的就一定是对的吗?就像以前所学教材里的案例,有些已经被历史证明是错误的。

突然间想起了《大学》中的一段话:"知止而后有定;定而后能静;静而后能安;安而后能虑;虑而后能得。物有本末,事有终始。知所先后,则近道矣。"其实,只要我们秉着向善及负责任的原则,教授学生思维与逻辑,让他们以冷静的心态去积极思考,相信就会有所收获。

专注脚下的路,坚定朝着梦想的远方前行。

(广东碧桂园学校 邱洁)

即便是"菜鸟"也要高飞

时光荏苒,入职也将近一年了,但我总有一种难以言说的感觉。有对工作的彷徨,有对自己成为一名人民教师的诧异,也有一种想努力学习却收效甚微的无奈。我这只"菜鸟",飞来飞去都还在原地。

但是周老师的五次培训给了我很大的收获。每一次都是一个惊喜,每一次都是一针见血,句句戳中我的心。

第一次,我认识到了一个有专业尊严的教师应该是什么样子。"我是谁?我从哪里来?我要到哪里去?"这个问题在哲学上已经引起人们的深思,其实,放在语文教学上,一样适切。最初,我就给自己定了位,想做一个专业的语文老师,而不是一个被班级管理捆绑的兼职语文老师。当周老师提及十个关键词的时候,我真是有种恍然大悟的感觉,好像原来自己真的离专业还很远,真的只能称得上是一只"菜鸟"。

印象最深的是关于写作力的解读。其实,我个人很喜欢写作,从初中到大学,我自己的创作从未断过,涉及的领域也从单纯的命题文章到自己创作小说剧本、随笔散文、诗词,甚至还想写传记。大学时候我写了不少剧本和诗词,这个过程是很享受的,就像看着自己的孩子一样。但是从事教师行业以后,我的写作力锐减,应该说被太多工作缠身,给了自己不创作的理由。周一到周五每天都很忙,不是教学研讨就是班级管理;周末两天的时间,又总是希望洗掉自己身上的疲惫,放松一下。听完周老师的讲座,我深深意识到,我不能丢下这个有意义的特长和爱好。于是回去以后,布置学生写作文的时候,我都尽可能写一写下水作文,找一找灵感,也看看自己的功底究竟如何。上两周的段考,作文是

"怀念……的日子",我自己也写了一篇,其他老师评价不俗。其实,一个专业的语文老师就应该是这样的,跟学生同步,才能了解学生需要什么,老师应该提供什么。做一个有专业尊严的老师,绝不是一蹴而就,但一定要持之以恒。

第二次,我接触到了"整本书阅读"这个名词。后来查阅资料发现叶圣陶先生在《论中学国文课程标准的修订》中就已经对"读整本的书"有了一个明确的说法:"把整本书作主体,把单篇短章作辅佐"。我很惭愧,读书最多的时候大概就是高中和大学了。我发现看书真的需要一气呵成,不是说一口气读完,而是在这段有动力读书的时间里,要尽可能地保持这股动力,读更多的书。做了老师以后,就没有了这股动力。很多时候,听到别人推荐好书,当时确实很想读,可是,如果错过了那个时间,又因为各种事务而不想去读了。但是作为一名语文老师,肚子里的墨水又不能太少,并且不能太旧,因此应该多点读书,读好书,也要读新书,保持"墨水"更新。况且,老师都不去阅读,又怎么指望学生跟你一起去阅读呢?所以,每个星期我们都会有一节课到图书馆去阅读,在学生阅读的同时,我也会跟着他们一起。哪怕只是读读杂志或几页名著,都会有不同的收获。我也经常提倡学生要多读书,无论对于他们的阅读还是写作,都会有很大的帮助。更重要的是,读书可以提升一个人的气质和品味。

而"整本书阅读",也是需要在这样一段有激情的时间内进行。我自己的理解是,一本书,我们需要把它读薄,学会提炼最精简的内容,但我们又需要把它读厚,它的每一字每一句都值得我们细细推敲。别人老说"没文化,真可怕",这句话一点儿也不假。作为一个老师,更加需要有文化,有涵养。

第三次,我学到了一个词:艺术思辨。起初,周老师抛出了一个问题:上课和备课有怎样的联系。我的回答是:"现实与理想的差距。"对于我来说,理想很丰满,现实很骨感。备课的时候总是那么完美,预设了很多环节,也想着学生会怎么回答;但是上课总会出现这样或那样的突发状况。也许，我们的备课根本与上课实际不一样，这就需要我们不仅仅有专业素养，还需要有教育机智。印象最深刻的是关于"收放自如"的解读。一个老师，在课堂上到底要怎么做才能最大限度体现自己的价值？我们常常不自觉地成为一个"话痨"，总是滔滔不绝，"垄断"教学的舞台。但在课程改革的背景下，学生应该是课堂主体，老师只是扮演一个引导者的角色。在课堂上"收放自如"，应该需要老师懂得在教学过程中有的放矢，某一些环节可以让学生自主学习，某一些作业可以让学生选择性做，但是在某一些内容上又要及时将学生带回"正道"。总而言之，一个语文老师应该具备批判性思维，审辨地直面教学。对我自己而言，语文真的没有标准答案，所谓的参考答案，其实也不过是在特定的情境中相对提供出来而已。但是在如今的应试环境下，我们的语文却更多地关注应试技巧，而淡化了"语文味"。我是一只"菜鸟"，但毕竟我还不想那么快陷入这个漩涡中，我的课堂，希望保有自己的个性，多一些"语文味"，少一些应试味。

第四次，是一个直击课堂的问题——观课。说实话，我听过这个词，但是在我们这个圈子里，却很少用到这个词。我们都在说听课、评课。每一次听课，感觉自己是带着评价的心去的，所以评课也就要分出好与不好。周老师告诉我们，这种说法也许不太科学。作为一只"菜鸟"，这种角色的转换应该还不太适应。与其说是听课评课，不如说是观课议课，这也切合了当下的课程改革。我所理解的观课，是带着一种客观的心理去参与的，每一次观课，我会把自己分成两种角色，一种是老师，一种是学生。作为老师，我会观摩授课者的教学方式、教学内容以及教学机智；作为学生，我会想授课者这一堂课对我而言是否有收获，我是否会积极参与其中。作为一只"菜鸟"，每次观课，我都带着学习的心态，更多的不是评价授课者的课是否上得好，而是反思如果是我自己，我会怎么上这堂课，我会怎么组织各个环节协调学生的积极性。以前做学生的时候，就很喜欢上公开课，因为公开课的老师总是会设计很多有趣、好玩的环节吸引学生的注意。其实反躬自省，这样的公开课真的有意义吗？到我自己走上这个岗位，更加发觉，有时候有些公开课就是为了上而上，每个环节看起来精心设计，唯恐学生不喜欢，需要课堂每分每秒保持热闹。但是这真的达到教学目标了吗？学生真的有收获了吗？在我自己接到公开课的任务时，我也很紧张，很希望每个环节都缜密不漏。但是周老师告诉我们，一堂有缺憾的课，才是一堂完美的课。现在，我的每一节课都希望可以认真备好再去上，我的每一节常态课都希望成为公开课那样的状态，也希望每一节公开课都像常态课一样自然，不用特别刻意去设计，每一节课都是水到渠成的感觉。

每次培训，我都有种豁然开朗的感觉。感叹周老师的个人魅力，能吸引我们专心致志地听讲，也很希望自己成为这样的一个老师。作为一只"菜鸟"，我们缺失的确实很多，包括时间和素养。在互联网技术发达的今天，我们的时间越来越少，我们的惰性却越来越明显。刚入职的我，一下子还不能适应自己教师的角色。虽然成为一名语文老师已经快一年了，但是我每次上语文课都有一种心虚的感觉，很害怕自己在课堂上会出现错误，甚至严重地误人子弟。但是经过几次培训，我慢慢地在改善自己，调节自己的情绪。其实，我们也是允许犯错的，但是最重要的是我们要问心无愧，上好每节课，不打无准备之仗。

教师这个职业真的很神奇，每一届我们都会换学生，我们也会一年年老去，但我们会一直随着一批批学生，"传道受业解惑"，就像源源不断的甘泉始终充满活力。

即便依然是一只"菜鸟"，我也要不断高飞，因为我是一名教师，我有一种使命感。

（顺德区均安镇文田初级中学　何静韵）

觅渡，觅渡，渡往何处

苦苦挣扎了好些时日，想写下自己的感受，却又笔墨羞涩，但今晚看到最新一期的培训新闻稿标题时，我顿悟，妙哉！"觅渡，觅渡，渡往何处？"这不正是我内心最深切的呼唤吗？遂提笔记录下这一个多月来跟随着周小华老师"觅渡"的心路历程。

乍见周小华老师，我内心暗喜："这个老师看起来很亲切。"但暗喜之余，也隐隐担忧，这次培训能真正解答我作为一名年轻教师在成长路上的一些困惑吗？很快，周老师便以博学的才识、巧妙的语言艺术释解了我的困惑，让我深感佩服。

在第一次培训的课堂上，周老师便抛出了"如何成为一名有专业尊严的教师"的问题。培训伊始，周老师并没有急于让我们回答，而是用俞敏洪的《小草和大树》的故事引起我们的沉思：是想成为小草还是大树？随即又让我们反躬自省："我专业吗？"一连串的提问，让原本淡定的我有些慌乱。"我专业吗？"入职的这大半年来，夜深人静时，我曾无数次在内心深处追问与反省，一次次追问，一次次惶恐。是的，我的答案是否定的，我并不专业，不仅不专业，甚至是不合格的。

初次兼任语文教师和班主任工作的第一个月里，我几乎把所有的精力和时间都扑到了班级管理上，成了一个被班级管理绑架的语文教师。那一个月来，我上的每一堂课，都让我深感煎熬，因为没有认真备课，没有认真思考过自己真正应该要教给学生什么，课堂了无生趣，本应是师生之间思想交流的课堂，却变成了我单方面的知识强制灌输。印象最深的是在上《济南的冬天》这一课时，我当时问到冬天的济南的总特征时，学生一时没反应过来，课堂鸦雀无声，简单的"温、晴"二字竟无人答出。我突然间情绪失控，停下讲课，开始痛斥学生上课呆滞，看书马虎，活脱脱的一副"泼妇骂街的架势"。完全没有意识到，作为教师，我应该学会用多种教学手段去积极引导学生进行思考，培养学生思维的能力，而不是在课堂陷入"暂时的死寂"时，马上把所有的责任都推给学生，然后埋怨学生为什么回答不上我的问题。

此后接下来的一个多星期，我的学生在语文课堂上愈发战战兢兢。如今每每回忆起他们那时小心翼翼的样子，我都深感自己"罪大恶极"。学生不是任由教师摆布的"机器"，正如周老师课上说到的这样一句话"当孩子失去思维能力的时候，那么一切的知识传授都变成了灌输"。显然，一名专业的语文教师，她首先要意识到培养学生思维能力的重要性，而我曾经差点成了扼杀学生思维能力的"刽子手"。因此，觅渡，觅渡，我想，我该是要先渡向学生，这才是我能否成为一名具有专业尊严教师的基本条件。

如果说一次培训让我明确了自己"觅渡"的外在方向，那么以"凝望书中宇宙，悦享读书之美"为题的第二次培训，则让我入职以来浮沉在"雾里看花"的内心溯源到了"觅渡"的内在要求。

"是否做到了一年读10本书？"周老师面带微笑的提问让我有些心虚，我倏地低下了头。这是第二次培训开始前周老师的随口一问，这随口的一问却在我的心里泛起了层层涟漪。我有多久没好好静下心进行整本书阅读了？我常常告诉我的学生"腹有诗书气自华"，告诫他们读书的重要性，苦口婆心劝诫他们千万要多读书。事实上，我自己呢？周老师课上调侃道："后来你们都成了要求学生读书但自己却不读书的老师。"是啊，工作以后，我给了自己太多不读书的借口：工作太忙，时间不够，分身乏术，以后再读吧，有空再读吧……久而久之，我竟然觉得没时间读书是一件稀疏寻常的事情。习惯实在是可怕。朱永新先生曾说："一个理想的教师，一个要成为大家的教师，一个想成为教育家的教师，他必须从基础抓起，扎扎实实多读一些书。"通过这次培训，我重新审视了自己已有的知识体系，才惊觉自己的"老本"竟已有些跟不上同行的思维了。周老师课堂上提到的很多和教师行业息息相关的名人及其作品，我都似懂非懂，例如余党绪老师《经典名著的人生智慧》、蔡朝阳老师《但得爱书人似我》和鲍鹏山教授《孔子是怎样炼成的》等等，这让我深感自己的"落伍"，也暗暗下定决心，觅渡，觅渡，先渡向自己的精神世界，建构属于自己的阅读体系，不断给自己"精神化妆"，使之成为生命的内化。

一路"觅渡"，一路武装自己。作为教师，还需要渡向语文课堂教学的艺术思辨。

在第三次培训的开始，周老师询问我身边的同事关于备课和上课的感受。我的同事起身不假思索回答道："大概是理想和现实的差距。理想很美好，现实很骨感。"我在一旁笑了。所谓备课与上课，理想与现实，其实就是预设与生成。周老师在培训中呼吁我们"语文课堂教学应该要有艺术思辨"，并分别从增补删减、能进能出、收放自如、内外兼收、点面结合、似少实多、取舍之道、动静相宜等多个角度阐述了艺术思辨的具体内容，其中"增补删减"一角度更是如当头棒喝，敲醒了我。

那段时间，我刚好在准备我的公开课《老王》。当时的我正陷入一种困境：是否应该在这篇课文教学里用思维导图或者同屏技术等看似新颖的教学手段？因为我们学校特别看重这两种教学手段在各科教学中的运用。我清楚地知道，对于《老王》这一课的设计，并不需要这两种手段的运用，但如果不用，我这节公开课很有可能会因为这点被批评"没有亮点"。犹豫挣扎了很久，但在正式上公开课的前两天我正好接受了第三次培训，周老师提到的"增补删减"中明确说道："要删去多余的手段和形式，删去不必要的环节……"我那颗摇晃不定的心终于定了下来。——可有可无的，没有意义的课堂教学手段，必须删！培训后两天，我终于用自己想用的方式和手段，上完了那节折磨我许久的公开课，并且，获得了老师们的认可。工作以后，我们很容易被各种条条框框限制自己，不敢坚持自己的想法。但以后我会记住周老师这次培训给我迷茫的教学路上点亮的明灯，是这盏明灯渡我向"语文课堂教学的艺术思辨"更进一步。

"觅渡"之舟还该驶向"观课"的方向。

关于观课，入职的大半年里，参加了很多培训，其中就有观课方面的培训。可是往往听了还是一知半解，尤其是到了实践的时候，依然发现自己观课总是抓不到点上，直到听了周老师的"如何有效观课"的专题培训，我才茅塞顿开。周老师采取问题驱动的方式，向我们抛出了诸如"如何评价一堂课""观课的目的是什么""观课前要明白什么""观课要做什么"等问题启发我们去思考，重点谈到了"如何系统地观课"。之后，周老师用一个大表格从学生学习、教师教学、课程性质、课程文化等四个维度阐释了观课应关注的几个方面。坦白说，虽然我依然在实践上存在一些困惑，但从思路上来说，我确实是受到了很大启发。课后，我反复咀嚼培训的笔记内容，尝试从周老师所讲的四个维度去观课，取得了不错的效果。

最后一次培训，在依依不舍中结束了。回顾这一个多月的培训，每每听周老师的培训课，我都有种"如听仙乐耳暂明"般豁然开朗的感觉。常常坐在台下感叹周老师的侃侃而谈，感叹周老师的思维严谨，感叹周老师的见识广博……当越来越多流于形式的培训活动渐渐成为主流时，能有这样一个宝贵的机会同周老师进行思想上的交流，让我倍感欢愉！尽管每次交流过后我都"饱受打击"，深感自己的不足，但从周老师身上我确实学到了很多。同时，也很羡慕周老师深厚的文学素养，真心渴望自己也能有机会成为像周老师一样优秀的语文教师。

最后一次培训是学习分享。同仁的分享打开了我的视野，我有幸倾听了这么多同仁不同视角的思想分享，深感自己的渺小，要努力的地方还很多。我能做的，正像周老师说的一样，不断充实、提升自己，让自己将来在这个行业真正站稳站高。谢谢这一个多月来周老师的耐心指导和各位同仁的分享！有幸遇见，希望下次重逢我们都能更好！我会一直保持追赶者的姿态向你们一步步靠近。

"觅渡"的脚步永不停歇，"路漫漫其修远兮，吾将上下而求索"！

（顺德区均安镇文田初级中学　阮巧漫）

愿把金针度与人

金人元好问诗云:"晕碧裁红点缀匀,一回拈出一回新。鸳鸯绣出从教看,莫把金针度与人。"一个"莫"字,意味深长,师者敝帚自珍,只教运用,学生浑浑噩噩,不求甚解,道尽了多少教育中的炎凉。且改为"愿把金针度与人",授人以渔,方是我理想中的师道罢。

走上从教这条路,还得从高中说起。都说老师会影响人的一生,诚哉斯言。

少时总会有许多梦想,也许这正是每一个人共同的回忆。我也曾畅想过各种各样的未来,却又频繁地更迭,甚至将它们抛弃,直到我遇到了梁、桂二师。

历史梁老师,陕师大历史系毕业,中正刚直,博闻强记,颇有君子之风。梁师常教育我们以读书为务,每次考试,夺魁者皆慷慨赠书一本,附以勉励之言数句。我有幸每次都能成为那个幸运儿,因此逐渐培养了对阅读的浓厚兴趣。而那些骨骼清俊的题字,如陈寅恪先生所言"独立之精神,自由之思想",胡适之"多研究些问题,少谈些主义",更时刻提醒着我,做人之道,在率其性,为学之道,在于求真。

班主任兼语文老师,谨于学,温而厉,春风化雨与当头棒喝皆能做到运斤成风,把教育实实在在地变成一门艺术。旁征博引的语文课堂自不必提,他更是以其言行告诉我们,行事皆须有法度,凡事不可"想当然"。从桂师身上,我终究得到了一些做人的训练。

当年课堂上所学的课本知识或许早残缺在流逝的岁月里,而二位良师所馈赠予我的关于治学与做人的道理,才是令我一生受用的财富,也让我带着景仰和理想，走上了教坛。

而今有幸忝列人师，更与二贤师成为同事，是缘分，更是传递。人能弘道，薪火相传，斯文不绝，我曾经期望，现在更加期望，我也能成为这样的教师。

带着那份最初的期望，颇费一番周折之后，我如愿得以求学长安，考上了陕西师范大学。四年的大学生活，读了一些书，走过了许多地方，见证了长安悠久的历史与八百里秦川独有的厚重和朴实。曾与志同道合的朋友吟哦汉唐余韵；曾伫倚阳台，远眺四季终南；也曾夜听校外村子里传来粗犷浑厚的秦腔……更多的，是学得了作为读书人，应"抱道不曲，拥书自雄"。作为一名教师，更要做到"学高为师，身正为范"，兼具一点点教育的情怀。

"负笈长安马融家，归来当效郑康成。"我带着期望归来，走向那格外引人入胜的未来。

我已参加工作半岁有余，其间经历了一些理想和现实的差距，有喜悦，有彷徨，曾干劲十足，也曾萎靡颓丧。然而现在更多的，仍是期望，对自己的期望，对学生的期望，对教育的期望。

我尽力想让语文课堂变得鲜活，尽力让学生从语文教学中得到一点点美的感受。记得初涉教坛的第一课，我为学生们读了德国诗人荷尔德林的一首诗："……人，总是充满劳绩，却仍然诗意地栖居在大地上……"生活，需要在忙碌与苟且中，多一些诗意。而这，也是语文更高层次的功用，因此我格外喜欢讲诗。曾在课堂上进行班级诗歌朗诵比赛，形式各异的朗诵，配上或舒缓或激昂的音乐，学生与我，皆陶醉其中；也曾要求学生大胆创作自己的诗歌，虽然他们不懂得音韵和对仗，不懂得诗歌的体例，但看着他们那些饱含着青春甚至沉思的文字，这不正是最美的诗么？其中当然也有额外的惊喜，许多学生开始着意去用笔墨书写自己的生活，一则故事，一篇散文，一首诗歌，或朴实，或优美，有可爱的幼稚，也有超脱年龄的深沉。我建议每位学生每天用几分钟的零散时间去仰望星空，思考人生，"吾日三省吾身"。我坚信，思

考的过程和纸张与笔尖的触碰,一定会让他们有所得。

我也着力于培养学生们的阅读兴趣与表达能力。仿效当年梁师的方法,每次考试前三甲的学生,都会得到一本由我精心挑选的书。同时我更要求学生们每个月至少读一本好书,将所读书目上报科代表登记汇总;定期抽出一节课的时间举办读书交流会……最后的效果,让我感到无比自豪。很多同学通过随笔和周记的形式,直言自己曾经一年也读不到一两本书,如今开学两月余,已读了多本,终于发现阅读原来是一件多么美好的事情,他们逐渐爱上了阅读!我所任教的三班和四班,读书风气蔚然可观,课后、自习,总有许多学生捧着一本"无用之书"贪婪地阅读。通过书本,他们能与先贤交流,触摸到鲜活的历史,能与自己的内心对话,反省自身的言行,更会品味生活。

而关于表达,我以课前演讲与周中随笔为口头表达和文字表达之训练,亦有成效。我坚信,广博的阅读与大胆的表达,才是学好语文的不二法门,三年下来,学生们也必将有所得。

成绩当然也是避不开的话题。虽说几次考试下来成绩也不算差,但似乎仍未达到我内心对他们的期望。平时的教学确实存在着许多不足的地方,例如时间的把控,有时自己发散了许多,却又收不回来,感觉时常是在浪费学生的时间。每每想到这一点,甚至会觉得内心有愧。理想和现实总会有些差距,看似枯燥的"字词句段"怎样让学生更好地接受,我仍在苦苦地求索。相信时间与实践,会告诉我答案。

戏言曰:"上辈子杀人还不承认,下辈子教语文又当班主任。"既是戏言,便当一笑置之。我享受作为一名班主任的感觉。在半年多的日子里,上下两学期,我分别担任了两个班的班主任,其间充满了快乐,自然也少不了困惑与矛盾。

先说一下困惑。偶尔会问自己,班主任工作的边界到底在哪里?学校里有关学生的大大小小的事情似乎总能落到班主任头上,下班时间也需要处于随时待命的状态。我惶恐地发现,班主任工作的边界,太模糊了。曾有一次,刚上班没多久,一天晚上关了手机睡觉,结果第二天早上便被领导约谈。原来是一位女生半夜肚子疼得难受,需要请假回家。后来我翻看手机,发现舍监打了几个电话,校医打了几个电话,领导也打了几个电话,都成了未接来电。对此,我当然自责过,但更多的是反思,自身以外的反思。遇到这样的情况,值班的舍监、校医,是否应该具有临时处置、准予请假的权力?而处理这些状况,是否也应该是这些部门的义务?仔细想想,或许只有找到班主任,千斤重的"责任"二字方才会有着落罢。

额外的工作量也来自于家长。经常有家长在午休时间,哪怕是深夜,为了一点鸡毛蒜皮的小事打电话给我,也许只是请我通知他们的子女记得去门卫室拿东西,仅此而已。不适应,甚至苦恼,大概并不是在这些小事本身,而是属于自己的时间,随时可能被切割,我且称之为"不安全感"。西人讲人要有"免于恐惧的自由",恐惧倒不至于,排斥乃至反感总是或多或少有一些的。更重要的是,人们似乎早已将教师这个职业贴上了"无私奉献"的标签,学校和社会也总是在反复地表扬、宣传那些不惜牺牲自己的时间,时刻陪伴学生,甚至"鞠躬尽瘁,死而后已"的教师。诚然,我敬佩这些在底层默默无闻却又甘于奉献的前辈,他们的精神自然令人感动,但许多事情却又让人"细思极恐"。当学生、家长、社会习惯了教师们的奉献,逐渐把这种自发的奉献当成了理所应当的责任,对整个教师群体,又会造成多大的压力?反之,这种"保姆式"的,二十四小时待命的工作方式,又会给学生带来多大的好处?

此前班上有位学生家长几次通过各种途径联系到我,请我提醒她的儿子要记得给饭卡充值,担心他忘记充值,然后没饭吃。听罢哑然,但又能如何?一次,一位女生向我求助,原来是学校的充值机坏了,卡上钱不够,借同学的也借不到,已经两天没在饭堂吃饭了,我把钱借给了她,也没再说什么。高中生,若是连这一点生活的常识,若是连这一点处理人际关系的能力都没有,我不敢想象他们步入社会之后会遇到多少磕绊……

班主任工作，带给我更多的是快乐。我渴望与学生在一起，陪伴他们军训，一起参与体艺节，举办各式各样的班级生日会，或是与他们谈理想，谈人生，甚至是谈爱情。《论语》曰："莫春者，春服既成，冠者五六人，童子六七人，浴乎沂，风乎舞雩，咏而归。"这也许正是我向往的教与学的最佳状态罢。

最后我想说，在语文教学上，我希望教给学生如何掌握通过对文本本身的解读去发现美的能力，希望通过对阅读的鼓励与指引，帮助他们积累下终身受用的财富，而非简单的"字词句段"。

在班主任的工作上，我并不愿拘囿于低效的"纠错"模式，成天纠结于内务、卫生，更愿意告诉学生怎样做一个正直、善良、有责任、有理想的人。

这些是我的期望，也是我正在努力的事情，"愿把金针度与人"，希望我能不辜负属于我的，属于他们的最美年华。

（顺德区郑裕彤中学　王化睿）

得吾心矣

不想落于俗套地在开头写上"受益匪浅",可是这四个字的确是我参加完这次顺德区语文新教师培训最深刻的感受。看则四字,却能道千言。

2016年4月7日,星期四,杏坛中学,新教师语文组培训第一期。就在培训的前一天,班上有学生因家庭问题与父母不合,选择离家出走;有被抓个现行的早恋学生哭啼了半天;有家长无休止的电话联系;也有一直"嗯哦"敷衍我,迫不及待挂电话的家长……下班后的我还一直觉得心慌难受,那晚即便在梦境里的我都是惴惴不安的。星期四到达培训地点后,本着每一次听培训讲座的心情,想接受更多的语文教学方法,可是糨糊般的脑子里还是充斥着一堆乱七八糟的学生事,想想又觉得自己可怜但也可恨。

就是在这么混沌的状态下,开始听您说话。您的声音很好听,有一种播音腔的味道,发音很正很准,中气很足,声音却不重,慢条斯理却柔中带刚地开始讲为师的信念、为师的素养。

之前参加过数次培训,我已经听到过太多的振奋人心的"向前冲",却鲜有听到"停一停"。您和我们探讨哲学、探讨精神、探讨素养、探讨很多专业之余的事情。说实话,太多我想要说的话,被这大半年的工作和现实堵在心里的死胡同里,它们出不来,我也进不去。

直到您提到身体的问题,我才发现自己死守了一年的情绪防线开始崩塌。我觉得那些话是我从事教师行业以来觉得最温暖的话。您以自己为例,劝我们要多注意身体,只有健康的体魄才能更好地生活。您说首先是"为了更好地生活",而并非"为了更好地工作"。您说我们不能时时刻刻放弃自己,念着工作、学生和成绩,一定要自己过得好,才有能力对他人好。对自己好,也是最基本的人性。要过得好,首先得健康。入行以来也有不少人这样劝说,但可能是因为憋得太久,那天您说这句话的时候,我眼眶湿润。我坐在下面看着讲台上的您,听您本来舒缓、轻声慢语的音调在讲到这个问题时,突然变得急促,声音也开始变粗重了。我能看出来你急迫地想要我们把您所说的话听进去。就像是家里的长者,巴不得和你讲述这一辈子最精彩的故事。挑出最顶用的经验,又生怕我们为了眼前而执拗。

那一天,是我入职大半年以来过得最舒心的一天,仿佛回到了之前大学课堂,如沐春风,回到了有梦、有文学、有哲学思考的日子,也开始对语文、语文教学、"语文人"有了更深刻的思考和体验。我们是老师,是语文老师,一定不能放弃诗和远方,但也一定要忍得住眼前足够多的苟且。不然,如何教书?如何育人?如何用语文教书?如何用语文育人?

2016年4月11日下午,星期五,杏坛中学。今天来到杏坛中学培训,很期待听到您的培训讲座,以为换了个大点的会议室当培训地点,进去后才知道今天是听您工作室的两位老师陈康水老师和彭晓波老师针对高考作文议论文思辨写作的同课异构。您建议我们可以运用上一期培训所说的"如何观课与议课"理论进行实践操作,学以致用。

刚开始我拿到讲学稿的时候,骤然发现原来如今的高考作文出题方式已经和我们当年大相径庭了。作为初中老师,也许久没有接触过这类型的高考作文教学,这反而更激起了自己想认真听的兴致和兴趣。因为在后来一次的培训里,由于时间关系我未能去台上和老师、同行们分享,所以我想写下来,当作自己听了培训后的感悟和实践。

从课程而言,两位老师所教的都是针对议论文写作中的思辨训练,他们在选材方面均采用了高考的作文材料对学生作文训练进行引导,但两位老师选取的角度有所不同。陈康水老师先给学生列出的是有关思辨的哲学原理的世界观和方法论，要求学生掌握议论文思辨写作中的两种方法，也是高中政治哲学这一部分的重点方法论：一分为二看问题，或是"好、坏"之间的相互转换。我觉得这样运用非常好，不仅有利于学生在应试作文方面的实际操作，而且比较好地实现了学科资源的整合和互相利用。彭老师是从思、辨、探、因的角度四步骤教会学生探因分析法。他在课堂上强调的更多是思辨的意识、思辨的训练。

从两位老师的教学来看，因为陈老师上课的班是自己的班，而彭老师是借班上课，明显看出，师生之间的默契，陈老师更胜一筹。但彭老师可贵的一点是，他能迅速化解开场的陌生感和尴尬局面。这是一个好老师必备的素质，无论教的是谁，都能迅速进入教学的状态，化身为一个亲和的教学者，能在良好的师生互动中进入教学的"磁场"。

周老师说过，好的课堂应该要有流畅感。这一点，我觉得两位老师都有所欠缺。陈老师上课的时候会固定选择哪个小组进行答题，而并不是主动举手；彭老师会加快结束吞吐回答的学生发言。听完课，我也想了想，我自己上公开课的时候也常常会出现形式感过重的问题。当学生前一天准备预习的时候，会不自觉引导很多东西，会希望他们能准备得更充分，或者希望他们能朝着我上课的方向走，从而在公开课上，在大家的面前呈现出一堂所谓"完美"的课，或是我能预料到我能掌控的课。但那次听周老师说，其实好的公开课恰恰是"不完美"的。我们要准备充分，要有足够预设，但是不能扼杀学生的思考和想象。语文课本就应该让他们有空间和机会去对文本建构属于自己的想象，恰恰是那些可能不完美的回答，支支吾吾的、吞吞吐吐的发言更能看出一个老师的能力，也更能激发我们教学的欲望和挑战教学的极限。这些学生的"不完美"铸造了我们教师的教学"完美"。

在课堂的学习中，如何有效地引导学生学会倾听和自学，这些才是小组合作的前提。我觉得这两位老师都做得很好。学生听得很细致，课堂中的质疑点和矛盾点都在学生身上起到了一定的化学反应。对于我日后的教学也有一定的启发。我们一定要教得细腻，教得有趣，他们才能

听得进，听得乐。

2016年4月21日上午，星期四，杏坛中学。这一次培训只有半天，是倒数第二次培训了。一抵达那个熟悉的会议室，老师就开始分发白纸，每人写出自己的教学困惑。我入行以来，也时常思考过这个问题，但仅限在脑子里想想，从未想过更未试过把它们写在纸上。所以，下笔的时候我反而把心中的疑问又思忖了三分，写出来后就开始端详它们。当这些问题在脑子里回旋、整合，变成一句话真真实实地淌在纸上的时候，我却觉得它们并没有像在脑子里的时候那样无能为力了。看着身边的人和我写下大同小异的问题，突然发现，其实我们都遭遇一样的事情，我们有一样的难过，大家都面对一样的问题，却都没有怯弱，还是一样坐在一个教室里，一样并肩站在一个岗位上。所以，有这么多人一起战斗，我再也不会感觉无能为力。周老师您可能也没想到，只是单纯让我们想想问题，却对我触动这么大吧。

倒数第二次培训之后我就写下了感悟，即使还不知道您打算在最后一次和我们说些什么。但是我很珍惜最后一次培训。您和我们谈教育，孔子问学老子；和我们聊教学，如何增补删减教学设计的内容；和我们谈阅读体会，如何能进能出，把书读薄，把书读厚……我也慢慢开始和大学一样，开始"停一停"所谓的一直"向前冲"，想一想如何取舍，如何内外兼收，想和大学一样能够多看看书，多汲取养分。我们每个生命都有各自的困惑，物质得到解决，精神却仍然彷徨。但幸好，我们有文学，我们有书籍。

周老师，谢谢您的培训和讲座，让我能停一停，想一想。这件事情，对我而言，很重要。

苏东坡读了《庄子》后说："吾昔有见，口不能言。今见是书，得吾心矣。"老师，您的讲座真的让我沉静许多，很喜欢！希望在日后的工作生涯中还能和您有交集。谢谢您！

（顺德区伦教周君令中学　杨亮亮）

不负此生，野蛮生长

在长达一个月的培训里，周校的教学理念、人格魅力和治学精神深深地印在我的心中。他的授课内容通俗易懂，却又生动有趣，深刻独到，发人深省，这对我今后的教育教学工作无不起着引领作用。下面是我在培训过程中的思考：

培养阅读与写作习惯

说起来惭愧，中文系出身的我，入职之后，被工作中的"一地鸡毛"扰了心神，根本沉不下来，没有心思看书。幸好聆听了周校关于"做一名有专业尊严的教师"的专题讲座培训，对于我来说，可谓是醍醐灌顶。身为新教师，我们应该时刻保持一股向上的姿态，多读书，多思考，多写作，厚积薄发，争取早日站稳讲台，成长为一名学识渊博、有专业尊严的优秀语文老师。

第一次讲座，周校就恳切地告诉我们要培养自己的阅读习惯；接下来的几次培训里，他依然反复强调，还给我们推荐了大量的书目。记得当时有位老师跟我们分享她平时的阅读，大致可分为三类：汉语言专业书、教育教学技能书、闲书，还提到近期在看的书，当时我惊呆了。在周校提问的时候，我留意到大家都笑了笑，当时我自己心里也在笑：教师平时杂事那么多，怎么可能还有时间读书，何况是还在摸爬滚打的新教师。没想到还真有，而且介绍起来头头是道，真让人佩服。自从考上了教师，我有很长一段时间都在"放飞自我"，觉得自己"上岸"了，终于不用再"啃"那些晦涩难懂的书了，大大减少了阅读时间，即使偶尔看看书，也会选择一些不用"烧脑"的闲书来看。但现在看来，这种阅读习惯并不利于自身的发展。阅读是一种文化的积淀，你所读过的书，最终都会内化为一种气质。所以，才会有人打趣地说，语文老师一眼就能认出来。

培养自己的阅读习惯，首先要建构属于自己的阅读体系。我很欣赏上面说到的那位老师的阅读类型，既有促进自身成长的专业书籍，也有休闲娱乐的闲书，张弛有度。而所谓的闲书，实际上也是有大用的，一方面可以了解学生的阅读喜好，拉近与学生之间的距离；另一方面，可以拓宽视野，增强底蕴。

作为新教师，成长路上少不了探索。我们可以把工作中的点滴整理记录下来，不断总结反思。作为一名语文老师，我们经常让学生写作文，难免有"只会说，不会做"的猜疑，如果我们时不时能在学生面前露两手，不仅能博得学生的崇拜，更能起到引领示范作用。这不也是一举两得吗？

所以说，保持一颗纯粹的心，培养自己的阅读与写作习惯，记录与反思生活工作的点滴，久而久之，会生成深刻的认识，形成自己的思想。这样才可能真正成为一名有专业尊严的老师！

关注课堂

就教师而言，课堂之于我们就像土地之于农民，它是我们耕耘的平台，更是我们实现自我价值的舞台。因此我们需要花时间、花精力去关注。

"他山之石，可以攻玉。"作为新教师，我们少不了多听其他老师的课。如何深究别人课堂中值得学习的地方，真正做到取长补短，在周校的讲座中，我找到了答案。

与其居高临下地"评课"，不如平易近人地"观课"。以往一上完公开课，集中评课的时候我都如坐针毡，那种心情就像犯了大错，等待别人"控诉罪状"，煞是煎熬。如果能出于人文关怀，把"评课"的尖锐趋向于"观课"的平和，或许，老师们收获会更大。

以往听课，我事先没有设立目标，听到多少算多少，所以对于整个课堂活动的观察也仅仅停留在表面。对于如何系统地观课，周校提出要从学生学习、教师教学、课程性质、课程文化4个维度，准备、倾听、互动、自主、达成、环节、呈示、对话、指导、机智、目标、内容、实施、评价、资源、思考、民主、创新、关爱、特质20个视角进行系统细致地观课。这样耳目一新、细致系统的观点为我们以后观课实践提供了扎实的理论指导。

除了要关注别人的课堂，我们更要关注自己的课堂。如何上好一节课，它包括哪些环节，大学时候老师都有讲过，但走上讲台之后，我们遇到了各种各样的问题，有时候也会很迷茫。最普遍的就是对于课堂气氛突然之间安静，学生安静下来，很多老师就慌了。到底是学生走神，还是自己讲得太无趣，心里闪过无数的猜想，淡定不了。也许，我们现在教育的风气过于浮躁，课堂本身就需要一定的"静"，"静"方能保障独立思考的空间，才可能把知识消化以至内化。反观当下，现在很多学校过分解读了"课堂活力"，但凡公开课、迎检课，都要求上得有"表演性质"，一定要上得热火朝天。试想，这种热闹是否有必要？是否能促进学生学习目标的达成？这些都是我们亟待深思的问题。

提高信息传递的能力

我们经常把"言传身教"挂在嘴边。所谓"言传"就是以嘴巴传递知识、启迪智慧、洗涤灵魂。这就对我们的语言有相当的要求，要做到精炼、清晰、有思想。

作为一位语文老师，我们的课堂如何上出"语文味"，除了要依靠课堂设计，还离不开我们的语言表达。如果我们自己说起话来都如一杯白开水般寡淡，又如何能向学生传达博大精深的文化之美呢？在我看来，一个优秀教师要锤炼自己的语言表达，关注表达的方式、表达的内容，才能真正俘获学生的心。老师的优美语言，本身就是课堂的审美，一节好的语文课，应通过表达传递美感，传递思想。

表达的思想性离不开思辨能力。为什么我们那么强调思辨能力的重要性？不仅是要"取其精华，去其糟粕"，更重要的是，要教会学生如何独立思考。伟大的将军乔治巴顿说过："If everyone is thinking alike, then no one is thinking（如果我们想的都一样，那就是没人在思考）。"现在我们的教育也面临这样一个窘境：抛出一个问题，答案千篇一律。教师的使命是促成学生的个性化发展，而不是流水线批量生产。

让学生学会思考，让思考更具深度，让深度的思考自由流畅地表达，是语文教师伟大的使命。

常言道，师傅领进门，修行在个人。本次培训，我学到了有关新教师的新知识技能，对于新教师在工作中遇到的问题作了深刻的反思。对教师而言，成长即学习。我的学习之路很长，我的专业成长道路也还很长，我要像朝圣者那样虔诚而持久地自我修行，不负此生，野蛮生长，不断进步，永不止步，争取做一个无愧于"教师"这个神圣称谓的好老师！

（顺德区龙江龙山初级中学　张妙妍）

漫路其修远，求索永不息

前 言

  时间如白驹过隙，转眼间为期5次的新教师课堂教学技能培训已然几近尾声。在这段不长不短的学习时间里，作为初站讲台的我，诚然获益匪浅。从杏坛中学周小华校长身上，我看到了一位名师的成长之路，看到了一位语文教育工作者的雅趣与情怀。每次培训，周校总是散着知识分子的儒雅之气，每次上课，我们都"如听仙乐耳暂明"。他旁征博引，教学案例信手拈来，各类名师了然在胸，他的博学让我们开阔了视野；他谈古论今，指引我们向名师学习，助我们释解了内心的疑惑。前辈们的率先垂范，让我时时激励着自己向榜样名师看齐，每次培训后对于我自身的职业发展道路都有新的思考与感悟。现将我的学习感悟梳理如下：

语文教学是一场长久的修为

  于我而言，第一个深切的感悟是：语文教学是一场长久的修为。

  荀子曰："学，不可以已。"教师肩负这教书育人的重责，是人类永恒的职业。但社会对教师条件的选择并非亘古不变，在如今"互联网+"时代，教师树立"终身学习"的理念是至关重要的。尤其是作为一名语文老师，其自身的知识储备水平决定着其教育教学的精彩程度。

在第一次培训课上，周校提出，作为一名语文教师，我们要有广阔的视野，博览群书，躬行实践。

语文教学牵涉面广，没有丰富的知识，没有系统的建构，没有敏锐的思维，语文教师就无法如鱼得水，对于新教师而言，更是很难站稳讲台。语文教育改革家魏书生先生曾经多次强调，我们无力改变环境，但我们可以改变自己，先改变自己，然后再去影响和改变环境。窃以为，此言有理。我们不能等到环境逼迫我们去改变才不得已而为之。其实，我们每个人都是环境的一部分，若我们改变了自己，环境也会随之改变。因此，在语文教学工作中，作为一名新教师，我们更要认识到主动学习去适应环境变化的重要性和必要性，因时而变，锐干什么意进取，开阔视野，涵养学识，做一个有格局的语文人。语文教学从来就不是一件一蹴而就的事情，需要在持续不断的学习中扩展知识领域，在长久的修为历练当中，逐步提升自身的学术底蕴，进而提高自身的教育教学水平。

语文教学需要建构属于自己的阅读体系

把教育当作事业来抓，就要求我们做一名学习型、研究型的教师。要研究，首先要学习，只有学习深了，才能有研究。要把教书当作是一个事业，而不仅仅是职业。有了事业心，就会去琢磨研究。一天到晚，只知道拿一本书去教的人，他的教学不会有魅力。只有不断总结，认真研究的人，才能掌握教育的精髓，轻松驾驭教学。诚然，现在在职进修盛行，许多教师也在不断学习。但迫于客观条件限制，这样的偶尔进修往往学习不深，形同虚设。语文教学工作中，老师要学习要研究，首要的是丰富的知识储备，知识从何而来？这就需要我们建构起属于自己的阅读体系，对于阅读要有自己的方向和格局。对于语文教学，到底"读何物？为何读？如何读？"这些都是我们在阅读前需要梳理思考的，这也是我们作为语文教师该有的阅读素养。语文教学必须立足"语"和

"文"的训练，深入文本，拓宽文化视野，提升对文本的个性解读。不要人云亦云，浅尝辄止，而要找准方向后，找对路子，努力深挖，生动解读。

我们现在的课堂，有些时候，为了迎合学生的兴趣，提高学生对于语文课堂的积极性，师生都在文本的外围转，所讲的内容有些纯粹是茶余饭后的谈资，抓住文本中一个极其细微的点吹得天花乱坠。是的，这样的课堂很热闹，学生很开心，老师很轻松，也普及了一些学生感兴趣的"常识"。然而，夜阑人静之时，当我们直面自己的课堂，我们是否会发现，这样的课堂只留下了媚俗和迎合，而最终却把语文课堂的重要意义——培养人的崇高情感与敬畏情怀丢失了。作为一名语文教师，在课堂教学时，我们备课求"深入"，对于资料的筛选，需要我们丰富的阅读积累感悟所培养的批判性思维；教学求"浅出"，这需要我们将阅读内化为自身文化底蕴，而后外化输出给学生。这考验的是我们教师自身的阅读储备，同时也是对自身综合素养的要求。对于自身的阅读体系，对于学生的阅读指导，都需要我们不断琢磨。唯有系统化的阅读体系，敢于去"啃"那些穿越生命体验的书籍，才能真正建构起属于我们自身的阅读王国，进而使我们在语文课堂上旁征博引，游刃自如。

语文教学是一门收放自如的艺术

在第三次培训中，周校为我们带来了"语文课堂教学的艺术思辨"主题课程。课堂过程中，我深受触动，其中的"收放自如"这一点让我颇有共鸣。现代教育强调以学生发展为本，强调教育要面对全体学生，注重学生的个性发展，使得每一个学生都能从中获益，发挥潜能。这就需要我们作为教师敢于打破传统的教育教学模式，大胆放手，尝试和实践以小组合作探究为手段，以培养学生自主创新意识和独立思辨能力为目标的新型教学模式。

我任教高一年级，适逢年级大力推行"1+3"学习模式，与周校所言的"收放自如"不谋而合，两者同样讲究课堂的高效与共生。在平常的课堂上，我也时常思考"收"与"放"的问题，在实践中不断摸索前行。正如周校所言，所谓放，要注重学生的自主性、思维性、发散性，注重课堂教学中的发散性思维运用。这与我们学校课改"1+3"模式中所倡导的将课堂还给学生的理念不谋而合，让学生在自主的探究过程中自然而然地习得知识。这一方面体现在我们作为教师对于课堂驾驭的灵活性，而另一方面也体现在学生思考问题的发散多元性。而所谓收，又要求教师注重规定性、定向性、聚合性。放，其实不难，但在过程中如何处理好教师自己的角色，这是需要在工作中摸索反思的，尽力做到在教学内容上，要用"教材教"，而不是"教教材"。教学方法上做到因材施教，有的放矢；教学形式上不拘一格，灵活多样。单纯的模仿，绝不能取得真正的成功。语文教学非常灵活，教学内容、教学方法、教学形式等，都没有固定不变的成功模式，机械照搬别人的成功经验，往往达不到预期的效果。

初出茅庐需要科学系统的观课学习

作为一名青年教师，无论是班主任工作，抑或是学科教学工作，都是一个摸索反思、不断前行的过程。得益于我校的师徒结对"青蓝工程"，作为新教师的我，在初出茅庐、初站讲台之时，能经常去前辈们的课上观摩学习。

周校提出的从不同维度系统观课的方式方法，于我而言，实在是醍醐灌顶，如沐春风。去观课前要熟悉观课的内容，观课过程中要明确自己的目的和内容，做到"见贤思齐，见不贤而内自省也"。观课后要学会自己反思总结，不能盲目地大量听课，单纯机械的"听课"模仿只会让我们沦为前人的影子，失去一个语文教师该有的鲜活灵动。而科学系统的观课要带着批判性思维去"观"，得益多师，精益求精，博采众家之长，以求不断进步，在反思总结中将观课所得内化为自身资源。所谓"他山之石，可以攻玉"，道理亦然。而从观课的目的出发，其最终指向我们要回归原点，使之促进我们自身在教师道路上的发展。这是一种化整为零的思想，也是我们在教师职业成长道路中需要培养的思维模式。而作为新教师的我们，唯有不断反思、不断感悟，才能更好地前行。

结　语

作为一名初站讲台的语文教师，我看到前路上的名师名家灿若星辰，数次培训让我感受着新课程理念的和风，沐浴着新课程改革的阳光，拓展了我的教育视野，在思考与感悟中反思自身的不足，真正做到身正为师，学高为范。我将以各位优秀的前辈为榜样，恪守教师的职业道德，刻苦钻研，努力成为学生学习的引导者、促进者，争取早日成为一名优秀的语文教师，切切实实地站稳讲台。最后，请允许我用屈原的一句话与各位共勉：路漫漫其修远兮，吾将上下而求索。

（顺德区华侨中学　林祖怡）

不忘初心,砥砺前行

满怀对教师职业的期待与热爱,踏上三尺讲台,我有信心成为一名用爱心、责任心、耐心浇灌学生的老师。然而理想很丰满,现实却很骨感,由于缺乏经验,我一路跌跌撞撞,从教之路并不顺畅。彼时的我虽未"停杯投箸不能食",却也有"拔剑四顾心茫然"之感。有幸遇到周老师给我们尽心指导,让我茅塞顿开,找到前行方向。

周老师首先问我们"语文老师要传递给学生什么"。这个问题提醒了我身上肩负的责任,脑海中涌现出语文课程标准里说的"教给学生正确的人生观、价值观、世界观,帮助学生形成良好个性和健全人格",感到身为语文老师的责任和使命。语文应该培育学生"语言建构与运用、思维发展与提升、审美鉴赏与创造、文化传承与理解"等核心素养,我不禁想问自己又传递了什么给学生呢?周老师的第二个问题"我专业吗"直击内心,促使我回顾并反思我与学生的相处过程。身为新教师的我还处于一个摸索阶段,也承认自己还不够专业。

新教师首先要站稳讲台。一名合格的教师应该保证自己的课堂同时具备科学性、教育性、艺术性、实在性。可这对于从教快一年的我来说,还是一件十分不易的事情。教学内容具备科学性是对教师最基本的要求,向学生传授的知识应该准确,不能似是而非,即使是最简单的概念问题,也要准确把握,不能出现问题。要具备教育性,那么教师应对每堂课、每个章节要达到什么目的,有什么要求,都必须十分明确。备课必须心中有学生,时时想到学生,处处想到学生。教学目的、教学重点、教学难点的确定,教学方法的选择,都必须从学生的实际情况出发。在备好教材，备好学生的基础上，要准确地预计到课堂教学中遇到的问题和出现的情况，设想好应变的措施，因势利导，化被动为主动，变不利为有利。预见性准确，教师上课时就能胸有成竹，应付自如，始终掌握主动权，不会出现忙乱无绪的情况。课堂的艺术性，是对教师教学能力的更高要求，要求教师能够把复杂问题简单化，把杂乱问题线索化，枯燥问题生动化。作为一名教师，一定要对学生负责。因此我们的教学一定要具备实在性，我们的教学内容一定要是有用的，在培育学生健全的人格的同时，更要帮助学生提高成绩，顺利通过各类考试。

周老师不仅希望我们做一名合格的教师，更是希望我们"做一名有专业尊严的教师"。"视野、底蕴、修为、情趣、语言力、驾驭力、阅读力、写作力、理论力、统整力"这十个关键词高度概括了树立专业尊严所需要的素养与能力。扪心自问，这十种能力，我目前都很欠缺，最欠缺的大概是对课堂的驾驭力。上课节奏比较慢，课堂秩序也十分令人头疼，而学生跳跃的提问有时也让我措手不及，打乱课堂节奏，做不到智慧应对。课堂驾驭力是我亟待修炼的专业素养。

就目前而言，给自己注入"活水"的最好方式是阅读。周老师多次强调阅读的重要性，希望我们"凝望书中宇宙，悦享读书之美"。入职以来，工作压力大，没有时间去读书，一边跟学生反复强调阅读的重要性，另一边自己却已半年多没有真正地阅读了。本学期在积极培养学生做读书笔记的习惯，也有很多学生乐在其中，陶醉于文字的魅力之中。看着他们在读书笔记本里摘抄的词句，和我不熟悉的书名，我也暗自着急，为人师哪能追不上学生的脚步呢？也越发觉得"语言无味，面目可憎"了。构建自己的阅读体系，让阅读"点燃你生命的火种，温暖你冰冷的灵魂，给予你前行的力量，绽放你思辨的光芒"。

语文课堂教学应该是具有艺术思辨性的。周老师提醒我们应该关注课堂生成，"关注孩子的眼光，不能泯灭孩子的渴望和求知意识"。在初中语文课中除了传授语文知识之外，更重要的就是训练和培养学生的质疑、思辨能力。任何学问都是从问中来、从疑中来，问题越多，思考得就越深,懂得的也就越多。所以,教师应鼓励学生大胆地提问。清代学者陈献章说:"学贵有疑,小疑则小进,大疑则大进。疑者,觉悟之机也,一番觉悟,一番长进。"不得不承认在这一点上我做得不够好。初登讲坛之时,我鼓励学生大胆质疑,提出自己的疑问,鼓励学生积极思考,大胆发言,所以课堂气氛十分活跃,学生和我的关系也非常好。可是渐渐地,我开始无法掌控自己的课堂秩序,正如周老师所说"人情太近,就毁了规则"。学生在课堂上开始提出偏离教学轨道的问题,常常有学生向我反映课堂秩序太乱,无法好好听课。我又走上了另一条矫枉过正之路,批评学生在课堂上提出的不合时宜的问题。听周老师一席教导之后,我不禁反思,那些看似"奇葩"的问题,实际上也是学生的一种求知和好奇的诉求,我是否在泯灭孩子的渴望和求知意识?

作为一名新教师,总是想着一堂课尤其是语文课应该是活跃的,怕学生觉得课堂无趣,也害怕学生的安静,只要学生一安静,我就急忙说个不停。但是,思辨的课堂应该是动静相宜的,教室需要宁静的思考,好的课堂应该张弛有道,教师应该学会等待,学生需要时间去思考。可我过于心急,抢走了学生思考的时间。身为老师应该管住自己的嘴,永远放不下心,孩子就永远长不大。具有艺术思辨的课堂还应是取舍有道、内外兼收、点面结合、收放自如、能进能出的。但其实每一点都不容易做到,总是担心传授给学生的知识太少,但是短短的一节课时间是有限的,能够做到使学生"一课一得"就好。我认为应在教给学生有限的知识时带给学生无限的思考,正如周老师所说,"好课应如一泓清泉"。

"真的勇士,敢于直面惨淡的人生",新教师也要敢于面对自身的不足。"操千曲而后晓声,观千剑而后识器。"听课是发现自身不足、汲取经验的好途径。回首这一学期的教学工作,感受颇多。作为一名资历尚浅的新老师,要学习和掌握的知识和技能很多。一学期下来,我觉得备课和听课尤为重要。教学中,备课是一个十分重要的环节,因为教学就是教与学,两者是相互联系,不可分割的,有教者就必然有学者。

以前学的基本上是纯理论的知识，只知道学生是主体，但不知如何落实，对学生学情缺乏了解，只是专心研究书本、教材，想方设法令课堂生动，使学生易接受。我以为这样学生会很好地理解我讲过的内容，但事实并非如此，以我的思维来考虑问题，有时会高估他们的水平，有时又过于低估他们的水平。听过许多老师的课，不管是公开课还是常态课，他们总是把学生的思维慢慢引出来，循序渐进，一切都好像水到渠成。可是这一点对于我来说还是不易做到。在课堂上还有一点很重要，就是驾驭课堂的能力。因为学生在课堂上一举一动直接影响教学，但当有学生因课程难而无心向学，甚至违反纪律时，我的情绪容易受影响，并将情绪带入教学中，让原本正常的讲课受到冲击，影响教学效果。我以后必须采取有效方法克服。周老师向我们传授了"四维"观课法：观学生学习、观教师教学、观课程性质、观课程文化，再次让我意识到自身认知和方法上的局限。有了周老师传授的锦囊妙计，相信今后我的观课会有更大的收获。

　　五周的教学培训，让我受益良多，也更让我深感作为一名语文教师的责任之重大。虽然教学过程中经历的挫折让我深受打击，但周老师为我指引了前行方向，让我重拾信心，不忘初心，砥砺前行。

（广东德胜学校　曹思洁）

辑二 情怀与诗意

采·思

一杯白开水

我心中的教育,极像一杯白开水,最是纯粹。

因为喜欢孩子和纯粹的生活,我选择了教师;因为想为社会创造点价值,我选择了教书育人。

因为我是老师,我会以身作则,严格要求自己。可入职才半年多时间,我觉得自己很"傻"。

原来有些老师可以不请假偷偷溜走;原来当新老师变成"学生"参加新教师培训,还会迟到、吃东西、睡觉和玩手机;原来老师也会"抄作业";原来老师也会把责任推给学生……

是的,在我的认知里,这些都是不可思议的。

有时候,我觉得自己是个异类,很孤独。

直到参加周老师的新教师培训,我感觉,像是在漫长独行的旅途中,遇见了知己。

周老师本身就是一杯白开水,懂得宁静,懂得沉淀,心是纯粹,内有原则,持之以恒。有时,我们会因为塞车、路途遥远等各种原因迟到,可老师总比我们早到十几分钟甚至半个小时;我们会因为家长的种种事情,上课回短信听电话,可比我们更加繁忙的周老师从不如此;我们会因本校的各种活动而"无法"参加培训,可周老师背后推掉了多少工作,而我们并不知道。

很多时候，周老师做了但不一定会说，但说了，就一定会做。周老师说过，他要做纯粹的教师，不带着情绪走进职场。他做到了，并一直在坚持。

由周老师的课堂回到我自己的课堂，我要更加坚持：不把班主任的情绪带进语文课堂，让孩子们好好享受纯粹的语文。以身作则，不仅是为了孩子们，更是对自己内心的一种坚持。

"上善若水"，我心中的教育，极像一杯白开水，透着光，看清了知识，看清了世界，也看清了自己。

一屉小笼包

一屉小笼包，没有华丽的外形，它的口感和味道却让人印象深刻。

在过去，作为一个90后，总觉得包装、形式很重要，可以吸引同学们，所以每一次的备课都花费很多时间在PPT的制作、花哨的活动形式和视频的收集等上，以至于忽略了对课文文本的深入理解，忽略了对如何讲透知识点的思考。剥去看似漂亮的外壳，其实什么都不剩了。在周老师的课上，课堂"增补删减"的标准深深地刺中了我讲课的软肋，鞭策着我不断地认识自己、改进自己。

一屉小笼包，虽说没有华丽的外表，单靠着丰富的内容就足以征服食客。当然，如果说有真材实料的内涵，又有别具一格的形式，岂不更精彩？

在培训期间，我们听了两节高中作文公开课，说句实话，收获最大的却是周老师最后的讲座。或许，周老师讲的主题并不新奇，如同一屉小笼包，但是看着周老师所展现的小标题"微演讲""微写作"和"思想的旅行"等，就觉得有内涵，让我忍不住一探究竟，不知不觉深入其中而忘乎所以。

这启发了我：善于思考，勇于创新，有时候只要改变一点点，或许就能带来很不一样的精彩。

一方动与静

　　周老师的课，务实，精粹，一针见血。关于课堂的动静处理，又正中了我上课的要害。

　　我们学校实行"师友合作制"，课堂上把更多的时间交给学生，老师则经常是闭合语言。在我的"师友课堂"上，常常是活跃的。我一直以为，活跃点好。学生课堂参与度高、积极性强，那么学得也应该不错吧？事实证明，周老师的话是有道理的，"所有的手段，都终究是手段""热闹之后，什么都没有"。此后，我一直思索着课堂动静艺术，当两者达到一个平衡点的时候，该静则静，该动则动，这样最好。

　　该静则静，这需要老师的威严，以保证课堂纪律。更重要的，是老师的功底及上课魅力。让学生生怕错过一点点内容，真正由内到外"想听"。此静也非绝对的静，此刻，孩子们内心"汹涌"的思考，即为静的最佳状态，这也是需要老师循循善诱的。

　　而该动则动，体现在讨论问题、回答问题时的思维碰撞。我常常听伙伴们在抱怨，孩子们就是拉不动，上课都没人举手，总把原因归结到孩子身上。可更重要的是要在自己身上找原因。这时，老师所设计的问题尤为关键，问题激趣，层层递进，吸引学生，要让学生自然而然地有想法，想讨论，想展示。如果一下子抛出一个高难的问题，甚至高到自己都有点费劲，那对于学生，也真的激发不了兴趣。

　　如今上课，我告诉自己，要不慢不急，该让学生思考时给足时间，该让学生静下来抄笔记时不急着赶进度。若急于赶进度，吩咐孩子们课后借同学的笔记来抄，事实证明，课后大部分是会忘记的。到一节课结束时，给点时间让孩子静静回想上课的内容，通过自己的嘴再复述出来，那才是的的确确属于自己的东西。动起来，全班都动起来才是有意义的动。讨论时，要引导孩子们照顾同组的所有小伙伴，每个人都是不可或缺的。展示，要耐心等待每一个孩子的回答，并给予具体、及时的鼓励。慢慢地，让每一个孩子都参与到有意义的"动"当中，才是我真正最想要的。

一丝语文味

"语文课没有语文味是件很可怕的事情。"

我所理解的语文味,是语文教师儒雅的姿态、娓娓道来的语言、信手拈来的博古通今;不是为了应付阅读考试而讲课文,而是赏之、悟之;不是课前急急忙忙地看着教参备课,甚至"借用"他人的课件。苏霍姆林斯基曾说,备课,是终其一辈子的事情。先厚积才能薄发,阅读、历练、思考、感悟,从来都不是一蹴而就的。我们更应该不断修炼。

不要为了追逐创新而忘记了传统。曾有学校新课改使用平板电脑上课,在某些方面的确是大大提高了上课的效率,但对于语文而言,很多时候却失去了"语文味"。孩子们成了真正的"低头族",与老师失去了眼神的交流,充满魅力的语言传递被冷冰冰的各种推送、视频和习题所替代。

这样的课堂,挺可怕的。

周老师曾说,年轻人,不要轻易迷信。当语文味遇上新科技,没有人能断言是好事还是坏事,但我坚信,两者之间一定存在着平衡点。传统的精华部分一定要保留,做到技术与学科的深度融合,不能失去语文应有的学科味。

一种享受美

2016年5月4日22:15,此时此刻,灯下漫笔。我在职业生涯之初,自我省思,自我对话,把自己的培训收获真诚地记录下来,本身也是一种收获。最重要的,真诚就应该以真诚相待。

我总想等着某一刻,午后小茶,阳光正好,而笔尖才落,心绪又上心头的畅快感,意犹未尽地完成我的"培训心得"。我很想享受这一切。

这个学期,为什么我抱怨多了,吐槽多了,负面情绪越发弥漫。我真不喜欢这样的自己。

我每次看着淡定自若的周老师，课上侃侃而谈，无论是准备了PPT，还是"素讲"，都是那样的具有魔力，让人着迷。周老师享受着教书育人，自然而然地也让学生享受其中。

我想，一切也都要有一个过程吧。像冰心奶奶说的那样，我们只会惊叹花儿的美好，而背后的付出，我们又怎能感同身受呢？

总有人调侃，赶紧忙完这一段之后，还要忙下一段呢。工作做不完，吐槽也总是会有，不要总等着闲下来才去做自己喜欢的事情。现在，现在就行动。好好锻炼身体，大汗淋漓的畅快感能让我们顿悟。一句老土的话，"身体是革命的本钱"，看看周老师健壮的双臂，十几年如一日的锻炼，练就的是身体，更是心态。好好看书，看书让人心境平和。看书，不为别的，就是因为喜欢。

生活不止工作，工作不止吐槽，要善待自己，学会享受生活。

一片赤诚心

"我愿意为你……"

一首《我愿意》，又回到了与我们的初见。

明显，来到第二个学期，我开始有点倦怠，曾经让我心心念念的孩子们，开始有点让人心烦，主要体现在班主任工作方面。只身来到顺德工作，带着一个班，像是和这个班谈着一场恋爱，心情随着班级而起起伏伏。哪怕是有过伤害，但看着孩子们由不懂到懂，心终归是甜蜜的。

我曾经跟孩子们说，这个世界会因为你的到来而有一点点改变，这就是你的价值。

这更加坚定了自己的职业信心。

有人说，太投入教师工作，会心累。

但至少现在，我还愿意，为你，千千万万遍。

（顺德区顺峰初级中学　苏婷）

"忽逢桃花林"：人生一个新的起点

> 春水初生、春林初盛的春天里，周老师仿佛让我看到了一片纯净的桃花林。"忽逢桃花林"，我频频回首，似是要与过去作别，只因这是给自己的一个新的起点。
>
> ——题记

东晋陶渊明有云："晋太元中，武陵人捕鱼为业。缘溪行，忘路之远近。忽逢桃花林"。

毕业已6年，在北京、顺德的教辅行业干了6年的我，仿佛就是那误入桃花林的武陵人。

6年教辅行业的经历，让我接触了形形色色的学生与家长，也扛过了"不成功就退费"的压力，就像我这样自认为经验老到的"老司机"，一个武陵人，也迷路了。来到学校，我虽然对中高考考点非常熟悉，对各年级学生的状态非常熟悉，但是，恰如武陵人对桃花源不熟悉一样，我对将近50人的大课堂也并不熟悉。然而，学校里那一个个鲜活的生命吸引着我，一束束求知的光芒指引着我。

于是，武陵人"复前行，欲穷其林"。我带着求知上路，不断充实自己、丰富自己。

然而刚开始的课堂并不像我想象的那样完美。我之前上的是一个半小时一节课的小班课程，而学校是40分钟的大班课程。第一周时，课堂上，我一展我的所长，调动气氛，活跃课堂，认识学生，拉近距离。但我急于把自己的体验、收获传授给学生，却不能准确地掌握时间。我时常感叹，为什么课堂时间这么短暂哩！

武陵人"林尽水源，便得一山，山有小口，仿佛若有光。便舍

（shě）船，从口入"。

武陵人舍了船才能进入那"落英缤纷""芳草鲜美"的桃花林。心里满满的全是套路，如何能装进去新的东西？正如我们常说的"空杯心态"。舍去一些，才能收获一些。我不能再守着之前的固有思维了，我应该重新开始，给自己一个新的起点！

"初极狭，才通人。复行数十步，豁然开朗。"

起初，我有点迷茫。上学期，顺德区新教师培训，顺德职业技术学院文学院院长陈建华教授给我们作的一个师德的讲座引起了我的思考与自省。整场讲座2小时，陈教授没有停歇，他学识渊博，引经据典，旁征博引。我被深深折服。这是经历世事变迁后，用智慧写就的人生。陈教授以古论今，"懂人性，明善义"，杜绝四种不良之心："慢心""伪心""妒心""疑心"，从而做一个具有人文情怀的教师。

说到"人文情怀"，这又让我无比向往。语文教学不仅是国学的一门学科，也是所有学科的基础学科，所以语文教师不仅要具备思辨力、反思力、批判力、创造力，还要具备丰富的知识，会读书，善读书，能实现知识的迁移，理性跟感性相结合，表达准确，具有穿透力、影响力，春风化雨。

人生有体验才有升华。清朝诗人张潮在《幽梦影》中写道："少年读书，如隙上窥月；中年读书，如中庭望月；老年读书，如台上观月。皆以阅历之浅深，为所得之浅深。"进入学校让我的人生有了新的体验，让我不用再去单一地钻研考点、教法，而是全方位、多角度地关注课堂，帮助孩子建立是非观、价值观。

正是陈教授给了我方向的指引。在去年下半年的一个学期里，我积极主动地去体验，聆听有经验的优秀老师的课。向优秀老师学习，取长补短，不错过让自己更优秀的任何机会。于是，课堂里，我舍弃了大容量，纳入了互动环节；我舍弃了教师的口若悬河，激起了学生的表达欲；我舍弃了答题思路的直接呈现，引导了学生归纳总结。

人生只有历练才能成功。"欲做精金美玉的人品，定从烈火中锻来；思立揭地掀天的事功，须在薄冰上履过。"修身育人之事，定要经过不断的历练才能不断地完善自己，从而走向成功。

豁然开朗后，武陵人在桃花源看见"土地平旷，屋舍俨然，有良田美池桑竹之属。阡陌交通，鸡犬相闻。其中往来种作，男女衣着，悉如外人。黄发垂髫，并怡然自乐"。

在经过一个学期的学习与成长，我体验到了承担责任的痛苦，在尽责任之后又尝到了最大的快乐。班级每月获得"精神文明班"和"一流文明班级"的称号，让我和学生们大声欢呼，这是我们努力的见证。"怡然自乐"都不足以形容我们的快乐，定要用"放浪形骸"方可！

2017年开学后在周老师的培训课堂里，又一次丰富了我心中那自然美、人文美的桃花源世界，开拓了我心中桃花源的视野边界，同时让我见识到了更广博、更幽深的语文教学空间。我又再次接受了心灵上的历练与教学思想上的洗礼。

"追寻一个专业的自我"，我折服于周老师的见闻之广博，阅历之深厚；感动于周老师虚心悦纳他人；为周老师开放的思想、和蔼的姿态所感染。"在这个知识融合、思想碰撞的时代，作为一名新教师，我们要如何让自己在语文教学的领域中拥有一片广阔的天空，这对我们在场的每一位新教师来说都是一个不小的挑战。"是周老师对"专业教师"的见解——"视野""底蕴""修为""情趣""语言力""驾驭力""阅读力""写作力""理论力"和"统整力"，让我对专业语文教师有了全新的体会。周老师展示了一个辽阔的、充满可能性的语文教育世界。

作为新时代的语文教师，我们在周老师言传身教、深入浅出的讲授中知道：必须学会在信息时代博采众长，去伪存真，不断地质疑自我，挑战自我，完善自我，才有可能成为一名具有独立思想的语文教师。

莫言说："当你的才华还撑不起你的野心的时候，你就应该静下心来学习；当你的能力还驾驭不了你的目标时，就应该沉下心来历练。"

周老师指出："大树只有扎根土地才能郁郁葱葱，而老师只有拥有深厚的底蕴才能培养出菁菁学子，这深厚的底蕴则源自于不断阅读。"阅读的浅薄，让我自惭形秽。只有"胸藏文墨怀若谷"，才能"腹有诗书气自华"。永葆阅读初心，才能润物无声，滋养灵魂。如果没有"活水"的滋润，再丰盈的心灵也将会枯竭殆尽。

然而读书也不能盲从、盲读，还要建立自己的阅读体系。选择适合学生、能让学生产生共鸣共振、获得内心愉悦的书籍，这样的书应该是系统的、经典的、具有前瞻性且穿越生命的书系。

　　此后，周老师提出了高效课堂的密码——教育内容、教育契机、教育策略以及教育成效。思考比答案更重要，要让学生学会追问，而老师的回答要尊重学生的起点。高效课堂是教学上一直在追寻的，而让学生学会追问，这一点，我承认我做得并不好。目前，我关注的还是学生有没有听懂，有没有学会运用。"追问"，则反映了学生思辨能力的养成过程。在今后的课堂里，我也会注意引导学生思辨、追问。

　　之后，周老师关于观课的系统培训，让我对观课有了更清楚的认识。通过观课的学生维度、教师维度、课程性质维度、课程文化维度四个维度来观课，"均能识其功力，辨其优劣，为我吸收"。叶老师和林老师的研讨课，让我现场体验了文学解读的魅力；之后的评课，更让我感受到"百家争鸣"思辨的张力。

　　"既出，得其船，便扶向路，处处志之。及郡下，诣太守，说如此。太守即遣人随其往，寻向所志，遂迷，不复得路。"

　　五次培训，总有结束之日。那一天，在周老师满满的祝福、期待和我们连声的感谢中离别了，镜头永远定格在我们合影的那一瞬间。

　　翻看之前培训的笔记，处处有我做的标记，"寻向所志"，我坚信，一定会越来越敞亮。向优秀的人学习，并内化为自己的东西，方为我们培训学习的真正意义所在。

　　感谢新教师培训，让我"忽逢桃花林"，感谢陈教授和周老师让我的心中盛开了属于自己的"桃花林"。桃花终有凋零时，但心中的桃花林将盛开不败，永远陪伴着我走过教师生涯、人生岁月的无数个日出与黄昏！

（广东实验中学顺德学校　熊莎莎）

四月里的歌唱

"人间最美四月天,不负春光与时行。"本是草长莺飞、春和景明的四月,可凤城今年的四月却是打雷下雨,阴晴不定,满是燥热与黏腻,着实让人心烦。好在这个四月,我收获了一缕缕清风,不时地给予我凉爽,沁人心脾。

语文教师的终极追问

那个上午,仿佛时光倒流,工作快一年的我,好像回到了心心念念的大学,在盛夏的教室里,上了一堂触碰心灵的课。

4月7日,负责新教师中学语文班培训的周老师走进了教室,用无比温和而充满磁性的声音为我们上了一场充满哲思的讲座。"我是谁?我从哪里来?我要到哪里去?"说来愧疚,我几乎从来没有静下心认真思考过这个经典的终极追问。所以当学员们举手,出口成章,畅谈自己的感受时,我不禁默默地垂下了头,感到惭愧,同时也为同伴们的回答赞叹。在职场上,我是一位新入职的中学语文教师,我从哪里来?我应该从专业中走来。语文教师和其他科目的老师一样,应该具备专业素养。每个科目的教师专业素养不尽相同。作为语文教师,我们应该具备语言素养,即用语言的魅力征服别人,也要具备语文素养、文学素养、理论素养。语文像是一个"大杂烩",我们要传达的是语言、思维、逻辑、美学等。除了专业素养,我们更应具有专业精神。我认为这是一个教师的灵魂。教师职业本身对教师有很多要求,比如,有爱心、责任心，要宽容、公正……正如陈寅恪先生说的"独立之精神，自由之思想"。教师要有独立思考的精神，并培养学生的思想。作为教师，我们不光是授业，传授生存技能，还要帮助解决学生的人生困惑，指导学生确立正确的人生观、道德观和价值观，教会学生怎样做人。

我要到哪里去？我究竟要教给学生什么。二十年后，学生还会记得什么？我想，在教学的岗位上，我们应该像周老师所说，权衡好职业、家庭与朋友的关系，保持着温润之心，优雅之态，思想之辩。这也是我一直所追求的。

从理论到实践：观课议课

理论是实践的指导者。4月7日的下午，周老师给我们作了一个《我们如何观课议课》的讲座，使我受益匪浅。以前，我也自己摸索出一些角度去观课议课，但是都不系统，很零散。这次讲座让我系统地了解了如何观课议课。我们可以从四个方面着手。一是课程，即是什么，包括内容、目标。不是所有的课都有三维目标，我们要根据文本的内容去确定。只要一堂课达成了既定的目标，我们都可以说这节课是完整的。二是教师，即怎么教，包括方法、活动、素养。作为语文教师，我们要拓宽自己的视野，多学习，把自己的能量释放出来，这样才会更懂得教。让课更具流畅感，更充满温情，这是教的更高层次。三是学生，即怎么学，包括倾听、自学、合作学习。在观摩课堂时，要有意识地观察学生在不同学习形式下的状态。四是文化，即怎样的氛围，包括民主、平等、和谐。我们的课堂不是展示给别人看的，而是让学生能得到发展，要把学生看成是生命的发展体。另外，在议课的过程中，要讲究说话的艺术，可以多用"我想，如果是我，我可能会这样处理……"这样类似的语言，在关注听者感受的同时表达自己的看法。

4月11日下午，我们有幸在周老师的安排下观摩了两节高中语文公开课。一节是杏坛中学陈康水老师的《议论文写作之辩证思维训练》，另一节是均安中学彭晓波老师的《思辨·探因——任务驱动型作文"探因分析法"片段训练》。两位老师的教学风格迥异，一位严谨沉稳，一位幽默睿智。陈老师在作文中运用"事物的性质是可以转化的，在一定条件下坏事可以变成好事，好事也可以变成坏事""要全面地看问题，或一分为二地看问题"的辩证思维的哲学原理；彭老师的"四字诀"教法，令人耳目一新，我十分佩服。在之后的一次培训中，学员们运用观课议课的系统理论对这两节课进行了深度讨论并各抒己见，大家的思想在那个下午一起碰撞、交融，让我收获不少。

语文课堂教学的艺术思辨

4月21日，我们再次来到杏坛中学电教室，聆听周小华老师为我们上的"语文课堂教学的艺术思辨"讲座。这次讲座紧承前几次培训，深化了思辨的思维，拓展了思辨在教学中的具体操作手段。

老师先由思想史上的空前盛事——孔子问学老子，关于"水"的经典对话引出，之后向我们传授了八种课堂教学思辨的原则。一是增补删减。增补时要注意内化非堆积，融合非拼凑，个性非共性，内涵非形式；删减环节要删减有害无益，影响学习，可有可无，影响主要目标的环节。二是能进能出。所谓阅读，就是老师带着学生走进文本又走出文本。要遵循先进先出，几出几进，进中有出的原则。三是收放自如。放要具备自主性、选择性、发散性；收要具备规定性、定向性、聚合性。原则是"放得充分，收得及时，放得有度，收得到位"。在讲解这一点上，老师举了《皇帝的新装》这一课为例。四是内外兼收。由内而外，以内为主，以外促内，内外相融。五是点面结合。六是似少而多。七是取舍之道。不教之教，教需要教的人，指点学习方法，令其自悟，教其自得。八是动静相宜。松弛有道，学会等待。

在此次讲座中，我的注意力很集中，生怕漏听了一种方法。短短的一上午，我们每一位学员都聚精会神，吸取老师总结的经验。其实，听讲座就是一种短时间内高效吸收知识的途径。老师更多的是教会我们方法，启迪我们的思维。而更重要的是，需要我们在自己的课堂中去不断实践，有意识地加以运用。在听讲座的过程中，我也联想到自己上过的几堂公开课，想到了自己上课的一些环节，反思了自己的一些不足，如无关的导入，过多的活动，不必要的拓展与链接，赘余的教学内容等。聆听周老师的讲座，我能马上意识到之前课堂环节中处理不当的地方，心中暗自欣喜。

同坐一席，切身引领

在第四次培训中，老师没有为我们讲任何知识性的讲座，而是让我们分享自己的成长经历。每周四去杏坛中学学习，每次都收获满满，此真为四月之一大乐事！

每个人都有自己独特的人生经历，有些经历在当时看来，是一段折磨，绞尽脑汁苦苦思索的历程。但回头望时，其实也不算什么，都能承受，有时还能笑着说出口。我想，从职业的角度出发，我们每位新老师都有很长的一段路要走。很多前辈们都对我们说："一个教师，3 年必须站稳讲台，5 年必须有自己的发展方向，10 年没有起色，就可以离职。"我相信，每个新老师听到这些话都有压力。因为我们正处于这个关键期的当下，所做的一切将决定几年之后的成绩。作为一位新教师，我们理应多学习，多思考，多请教，充实自己。在学校，有比赛的机会，要敢于毛遂自荐；有什么活动，也要积极筹备，积极参与。我常常觉得手忙脚乱：作为语文老师，我要关心督促两个班接近 100 个学生的学习；作为班主任，我甚至都仿佛成了 50 个孩子的妈，好像什么事都得管。有时，觉得真的忙不过来。

作为一位新教师，心态尤为重要。要懂得自己，善待自己。要保持一颗不卑不亢、积极进取的心。我们在进取的过程中，要对暂时的失意保持良好的心态。失败并不可怕，可怕的是不敢直面，不勤于反思。我们年轻，要经得起工作、生活中的风风雨雨。但是，在努力工作的同时，切忌忘了照顾好自己的身体。健康是最重要的，它是你我成为一切角色的前提。

回想起来，短短一个月，五次培训，撬动了我的思维。有对教师职业的追问，有系统的理论知识，有针对性极强的实践，有思维的碰撞，也有人生的感悟。这不仅是一场知识盛宴，也是一场思想盛宴。

这个四月，依然芳菲缤纷，依然引吭高歌，为教育的诗意，为教育的理想！

（顺德区沙滘初级中学　张蓓芳）

共悦·共阅·共跃

共悦的魅力

"追寻一个专业的自我"是周校长给我们分享的第一个主题。他认为一个专业的教师应该具备十个要素：视野、底蕴、修为、情趣、语言力、驾驭力、阅读力、写作力、理论力以及统整力。在这十个要素中，我对"情趣"深有感触。

所谓"情趣"，我把它理解为教育的诗意与情怀，有情趣地教学，让学生学得饶有兴味。德国诗人荷尔德林有一句话："人，诗意地栖息于大地上。"作为一个人，生活得要有诗意，才能发现身边美好的人和事，才能让阳光撒进生活。作为一名教师，更需要有诗意地工作，因为教师的工作对象是拥有花样年华的青少年，如果没有诗意的教育，恐怕很难培育出朝气蓬勃的花朵。

北师大教授肖川在《教育理想与信念》一书中说过这样一段话："人性的教育呼唤诗意。教育中如果没有诗意与激情，就没有召唤和启示，就没有美感，没有情性的陶冶和净化，没有灵魂的飞升和投入生活的热忱。"心怀激情，传递知识，传播理念，教育岂不乐乎？

但现实却不容乐观，教育的诗意哪儿去了？我们定当好好反省。

其实，每个孩子天生都有学习的欲望，若只是学习一成不变的课本知识，他们就会把学习当作一种压力，一种负担。这样的教育已偏离了教育的轨道。教育的目的是为了"扬长"，让每个孩子发现自己擅长的领域，然后慢慢发展，成为更好的自己。作为教师，我们要用诗意的眼光去焕发出学生身上的闪光点，拓宽学生的知识视野，让他们知道，其实，知识延伸之后是另一番天地，是充满情趣、充满诗意的。学生可以在浩瀚的知识中找到自己的兴趣所在，确定自己的目标。

让学生学有所得固然重要，让学生学得开心更为重要。这就要求教师有教育的情趣和教育的胸怀。判断一个孩子是否健康，首先要看他脸上是否有笑容；判断一所学校是否是一所好学校，就要看学校里是不是充满欢声笑语。学生的思想是在宽松愉悦、充满人文情怀的环境中产生的。

要让学生有更广阔的视野，首先教师要有宽广的视野。人文视野、科学视野、技术视野、理论视野是教师必备的素养。我们是文明、文化的传递者，必须汲取更多的文化精髓，接触前沿的知识，了解最新的动态，做一名有时代意识的教师，才能让学生感受到时代的律动、课堂的趣味。

另外，教师还需要有深厚的底蕴。这不仅体现于教师的基本功，更体现教师的思想、创造力。

让学生感到教师的魅力，学生才会真正被教师吸引，才会感觉学习是一件幸福的事，师生"共悦"的求知才会真正发生。

共阅的诗意

周校长说："永远不要让自己的思想成为别人的跑马场。"他告诉我们，教师要有独立的思考、独特的思想。思想从何而来？从万卷书中来。教师有书卷气，学生才可能更亲近书籍，师生才能"共阅"，共同体验阅读的诗意。

周校长的第二次培训的主题是"但得爱书人似我"。他跟我们分享了许多读书的心得，我们十分受用。

其中有一个观点令我十分震撼：很多时候，我们所见到的所谓名言，很多是缺乏思辨的断章取义。如《道德经》中的"天地不仁，以万物为刍狗"，我们常常误解为：天地不仁慈，把万物当作草扎的猪狗来看待。原文是这样说的:"天地不仁,以万物为刍狗;圣人不仁,以百姓为刍狗。"它实际表达的是,天地对万物一视同仁,没有高低贵贱之分。圣人也是如此,将所有百姓都一视同仁地看待。

在日常的教学中,我们给学生灌输了很多知识,特别是名言警句之类,但其实,我们往往缺乏批判性思维,人云亦云,断章取义,结果以讹传讹,误人子弟,让错误一直延续。

周校长的分享给我敲醒了警钟。我冷静反思,在日常教学中,确实是存在引用不准确,或没有理解透彻文本就给学生讲授的情况,这样其实是对学生和自身的不负责任,也是对语文学科教学的不尊重。所以在阅读或者查找资料的时候,要不盲目,不照搬,不强加,认真严谨,各方求证。

阅读,是一件赏心悦目的事。爱书的人身上有书卷气,阅读是一种修炼的过程。阅读之中,我们的胸怀、眼界、学识,甚至思想,都有一定程度的提升。从这个意义上说,阅读应该是一件美事。

阅读还是一件乐事。书籍是人类进步的阶梯,也是让我们眺望世界的垫脚石。阅读更多的书,即能装得下更大的世界。有美妙动人的诗歌,有趣味十足的小说,有撼动心肠的散文,有一针见血的时评,也有回肠荡气的剧本……这一切给了我们一个深广的世界,滋润着我们。在阅读之中,我们体验了人生百味,浏览了名川大山,感受了异域风情……我们是快乐的。

只有幸福的教师才能教育出幸福的学生。将阅读给我们带来的幸福传递给学生,让师生共同感受阅读的快乐,憧憬阅读的美好,从而让他们真正爱上阅读,岂不为人生之乐事?

阅读还影响我们的表达。表达是一门学问,谈吐自然,大方得体,是表达追求的境界。有水平的表达能力培养要从阅读入手。阅读是输入,表达是输出,只有更充分的输入,才能有更精彩的输出,所以大量的阅读量加上精妙的思考,才能练就精彩的表达。有思想深度的表达让人有一种难以抗拒的魅力。

现代社会,节奏加快,不阅读的人会抱怨没有阅读的时间,没有阅读的氛围,也没有阅读的冲动。阅读不是一件立竿见影的事,所以并不真正受人青睐。我们可以在浮躁之中沉静下来，自由选择不同类型的阅读形式，或碎片化阅读，或完整性阅读，或纸质版阅读，或电子版阅读……无论是哪一种阅读方式，无论阅读的时间多少，只要每天坚持一点点，都可以使我们变得更加充实。

鲁迅说过："哪里有天才，我只是把别人喝咖啡的工夫都用在工作上。"哪里有天生就满腹经纶的人，所有的知识沉淀都需要付出时间和心血的。只有把心静下来，虔诚地接受书籍的洗礼，才能呈现不一样的书卷气。

让校园书香四溢，让师生共阅共写，共同书写教育的诗意。

共跃的期盼

作为一名教师，我们的目标不是成为一个教书匠，日复一日重复一件事。而要追求卓越，开创特色，与众不同，成为一名真正有情怀、有思想的教育者。

周校长在第三次培训中系统、详尽地给我们讲了如何评课观课，然后理论结合实践，设置同课异构，让我们真正了解什么样的课才算是好课。他教会我们从四个维度去观课，包括学生维度、教师维度、课程性质以及课程文化。

平时备课，我总是小心翼翼，按常规套路把基本的知识准备好，用"安全"的方法把知识点传递给学生，更多关注的是学生维度和教师维度，把学生的课堂反应作为判断课堂成功与否的标志。但是接受培训之后才发现这样的判断是片面的，因为让学生学到一定的知识只是课程要求的一部分，我们不应仅仅满足于此，而要想办法让自己的课堂达到更高的高度。

这个社会对人才的要求越来越高，高中的课堂需要拓展更多课外的知识，让课程资源获得更深广的开发。课程文化，绝对不能仅仅停留于字词句上，而要有更深层的内涵和更广阔的延伸，这样学生的思想维度也就会不一样，这有助于提高学生的创造力。

那教师的功力从何而来？当然就是独立思考了，有独立思考才会有独特思想。思想决定高度，有思想的课堂才会有持续的魅力。而教师的思想性来自于不断学习和研究探讨，在学习中注重思考的深度和广度，不轻易盲从，不轻易迷信，独立思考，自由思想，才能成为一个真正充满个性的教师。

如何培养思考能力？首先要培养批判性思维能力。所谓批判性思维，就是敢于质疑，大胆求证，去伪存真。它绝不是哗众取宠，不是仅仅提出批判，不是为了质疑而质疑，重点是为了求证，独立思考，不随波逐流。批判性思维在现实中意义重大，尤其是在信息甄别和筛选方面。面对纷繁芜杂的信息，如何正确做出判断，选择自己需要的信息，就需要用到批判性思维。缺乏批判性思维很容易导致轻信盲从，失去理性。

其次，要培养思考能力，要不断交流分享。交流分享本身就是一种思维碰撞。在这个过程中，我们可以针对同一个问题多方位、多角度的讨论、思辨。这未尝不是一种好的思考方法，它是独立的、开放的、包容的。

师生、生生思想共跃，教育才有真正的含金量。

结　语

初为人师，紧张兴奋，却又忐忑迷惘。幸而在站上三尺讲台之初，能成为周小华校长的学生，参加由他主持的中学语文学科新教师培训课程，使我这个教育的门外汉渐入门槛，向着一个真正意义上的语文教师进发。

我知道，未来的道路还会有诸多的困难和挑战，任重道远。我会不忘初心，心怀谦卑，勤于思考，一路前行，我坚信，一定能创造出属于自己的天地。

（顺德区杏坛中学　冯敏怡）

心灵的旅行,艺术的享受

从被告知4月份起要进行为期五次的专业培训时,我内心是拒绝的,因为五次培训的时间都定在工作日,那就意味着这一个多月要调五天的课!而且在我心目中一直觉得培训课程大多是主讲老师"自 high"的舞台,所讲内容无一不是"假大空",或者是堆积的、正确的废话,有价值的课程实在太少。坦白地说,我们这些新老师也只不过是换了一个地方备课或改作业而已。

而第一节课,这位名字普通,貌不惊人的周小华老师便吸引了我,让我不自觉地放下了手中的手机和作业本,眼睛一刻也不想离开这位说话柔中带刚、外貌略带滑稽的老师。他用他那丰富的知识储备、宽阔的视野、高尚的人格让我折服。从他的第一个专题"语文教师的终极追问"到"语文课堂教学的艺术思辨""有意义的阅读·悦赏读书之美",那充满丰富知识容量,具有文学底蕴、哲学思辨、美学感悟的每一个讲座都让我沉醉,从来没有哪一次培训课程让我如此认真地做笔记。他告诉我们"真正的教学是生命的完善、心灵的洗礼和灵魂的感化";他教会我们要多读书,要用知识储备来征服学生,"先点亮自己,才能照亮别人"……周老师让我们知道如何定义自己的职业方向,如何有效地沿着这个方向前行,真正做一个让学生"在生命中看到希望"的老师。这不仅是一次灵魂的旅行,更是一场精神的洗礼!以下我将从三个方面谈谈我对这几次课程的理解与感悟。

找准角色定位，坚定前行方向

周老师让我们知道，我们不仅是社会中的个体，是父母的女儿、丈夫的妻子，是别人的同学、朋友，我们更是学生的老师！我们选择了教师这份职业，便应无怨无悔，绝不动摇。选择教师这份职业，我们是遵循了心灵的选择，而非现实生活所迫。

刚入职的老师，特别是兼任班主任的新教师，每天忙得焦头烂额，为各种杂事纷扰，经常下班之后还需备课、处理学生问题，加班加点，久而久之便会私下经常抱怨领导苛刻、任务繁重、工资不高，甚至会对这份曾经无比憧憬的职业产生怀疑甚至懈怠。此时我们如何平衡家庭与工作，如何调整心态重新找回对教师职业的激情呢？

教师如何幸福并且优雅地行走在时光中？学生的"不开窍"与俗世的纷扰经常会让我们变得焦躁，何时还记得有"优雅"一词？回望我们心灵深处那个浪漫的舞台——三尺讲台，已不是我们当初设想的模样。因为我们无法自由地行走在语文的天地里，给学生带去阳光。在现代教育体制之下，让学生安静地沉醉于文学作品之中，获得精神愉悦与艺术享受，是多么难得之事。即便如此，我们相信，只要我们坚定前行的方向，多一分责任，少一分功利，坚持语文教学原则，就能带给学生精神的温润和心灵的震撼。

苏霍姆林斯基认为："只有成为精神生活极其丰富的榜样，教师才能承担起教育学生的职责。"要知道，做一名语文教师，没有丰富的精神世界是不行的。周老师告诉我们，不应只读与教学相关的书，也应多读所谓的"无用之书"，即美学、哲学类等书籍，因为这些书可以拓展我们思想的广度和深度。在读书的过程中应努力让自己沉浸下来，享受这种难得的浪漫时光，可以尝试写作，让自己的感受流淌于文字之中。作为语文教师，也许更像是学生的同行者，陪着他们慢慢地行走，探寻生命的意义，把他们引向真，引向善，引向美。

作为一名语文教师，我们需要怀揣一份情感，一份责任，给人的心灵投注一缕温暖的阳光。即便我们无法改变环境，但可以先改变自己。选择了语文，便是选择淡忘功利，选择经营美丽的心灵。"扁舟载得春归去，数声渔笛在沧浪"，带着一种古典、浪漫的情结，徜徉在语文的湖光山色之中吧。

提高专业能力，加强专业素养

新课程倡导的教学理念，给中学语文教师提出了新的要求和新的挑战。作为中学语文教师，如何通过不断提高自身专业素质，转变观念和教学方式来适应社会发展及学校的要求，是很值得我们探索和研究的。

周老师告诉我们，要教会学生自信地表达，语文老师的使命是帮助学生建构语言系统、思维系统、逻辑系统和美学系统。新课程改革呼唤语文教师角色的转变，在语文教学中，在教给学生知识的同时，更要激发学生学习动机，激活学生学习的兴趣，挖掘学生学习的潜力，要注重学生思维能力、创新能力的培养。

如何构建学生的语言系统？写作是一个方面，但语言表达能力也不可忽略。课堂上老师不要一直唱独角戏，要给予学生自由表达、讨论的时间和空间，还可通过辩论赛、微演讲等方式，引导学生自信地表达，清晰地表达，有思想地表达。

现代教育要培养学生的创新精神。首先，我们要培养学生怀疑、批判的精神，而教师要改变"师道尊严"的权威观念，让学生敢于质疑。教师要学会提问，还要培养学生的问题意识，让他们真实地思考，独立地思考，成为有主见的学生，而非只是"听话"的学生。

要提高学生的审美能力，教师便要做艺术感染的天使。为了达到这个目标，首先，教师在情感上要丰富而真诚。在某种意义上说，语文教学是情感教学，主要体现在学生与作者、学生与教师、教师与作者及学生与学生的情感交流上，通过交流感受对方的情感美，从而受到美的熏陶，内化为自己的思想情感。其次，教师在言行上要有感染力，这主要包括语言的运用和表达的艺术性。最后，语文教师要有较高的艺术鉴赏能力。只有这样，我们才能更好地引导学生发现教材和生活中的美，并且引导其感受甚至创造美。

随着新课改的深入，语文教师对自身角色有新的认识，不管角色如何定位，我们都是为了提高学生的素质和能力。把良好的学习习惯、丰富的个性、创造的精神培养起来，这才是我们的根本任务。这就需要我们教师不断提高自己的语言素养、语文素养、文学素养和理论素养等专业素养。

愉悦地阅读，不断地积淀

听了周老师4月28日的课，我深有感触。作为语文老师，我们口口声声说要提高学生的文学素养，鼓励他们多读书，读好书，可是我们自己呢？上课时我们经常会觉得词穷，不能带给学生更好的艺术享受，这大概便是因为我们自己的知识储备还不够吧！正如周老师所说的，教师只有"先点亮自己，才能照亮别人"。

翻开周老师推荐的窦桂梅老师的《玫瑰与教育》，静静地欣赏她玫瑰园的美色，尽情地呼吸玫瑰的芬芳。窦老师书中的很多话启发了我，"读书，使精神高贵而丰富，亦使生命深刻而阔远；读书，让我在有限的从教时间内，实现自身的无限。""读书，是我心灵的振翅；读书，是我精神的呼吸。""读书是最高档的营养品、最名牌的抗衰老剂……一个人，只有在读书中才能体验生命的滋味。在读书中身体自然得到运动，大脑自然得到运转，心灵自然被酬劳。"我深知，是丰富的阅读成就了她的美丽、优雅与深刻。

作为一名刚刚走上工作岗位的语文老师，我常常为自己语文课堂缺乏生动、灵性、激情、思想而苦恼。我深知读书的重要性，唯有读书才能不断充实自我，让思想保有活力；也只有读书，才能把更赋有灵性的知识传递给学生。

"腹有诗书气自华",让我们在这美丽烂漫的季节里,开始我们的阅读吧!我相信,在阅读中,我们也会变得美丽、优雅起来。教师的一生或许就是一个不断阅读、行走于学生中间以及文字之间的生命过程吧!

教师之路还很长,我不愿一直在起点徘徊,止步不前。我想做一名优秀的语文教师,不仅仅是让学生喜欢的老师,更加想做一名有内涵,能够让学生学有所思,学有所得,让学生敬佩,让领导称赞的优秀语文教师。这需要我不断学习,不断实践,不断创新,不断修炼!

(顺德区均安镇文田初级中学　黎淑娴)

给学生多点"关怀"

自踏入从教之路,我时常在想一个问题:作为一名老师,我到底能给学生什么?是韩愈在《师说》中所谈到的"师者,所以传道受业解惑也",还是《礼记》中所提到的"师也者,教之以事而喻诸德也"?我苦思冥想而未有所得,直到那一天,我在新教师培训讲座中听到周老师讲的为师之道"三境界",我顿时豁然开朗:我应该给学生多点"关怀"。

给学生以知识关怀。身为老师,最基本的责任就是"授业"与"解惑"。所谓"授业",即向学生传授基础知识和基本技能,使他们学有所得;而"解惑",则是学生通过主动学习提出他们的疑惑,老师要有效地解决其知识的疑惑,从而让学生更好地进入下一阶段的学习。这就要求老师不仅要有一定的知识储备,更要努力精通本学科的知识,传授给学生更多的知识。同时,还要采用恰当的方法传授给学生,使学生能够更好地接受、吸收与利用。如果内容有点枯燥,还可以采用不同的教学方法,充分调动学生的积极性,使教学任务更好地进行下去。所以在平常备课时,一定要全面、细致而深入地备好教材,明确向学生传授哪些知识,并做好教学预测,及时解答学生的疑问。但是,老师不应该只是一名简单的教书匠,教给学生的东西不应该仅仅停留在知识传授的层面,就像是播下的种子不能只用水浇灌就完事。老师还要时常关注学生,"传道"于他们,给他们另一种不同的"关怀"。

给学生以心灵关怀。每个学生都有不同的特点、不同的爱好、不同的长处,即使是课室相同,教学条件相同,任教老师相同,所接受教育的时间也一样,但所教的学生,却是千差万别,品德不一样,能力不一样,所掌握的知识水平也不一样。因此,在"授业""解惑"的同时,老师也要关注学生的个体差异,采取不同的教学方式,因材施教,提高他们的学习能力、思维能力,让他们可以"跳一跳,够得着",做到最好的自己。此外,老师也要做到"传道",言传身教,传授知识的同时培养学生的人格品质。"有什么样的老师就会有什么样的学生",对于学生来说,老师的一举一动都可能会影响到他们的健康成长与发展,所以这就要求我们在情感、态度上对学生进行激励、鼓舞,平时也要用自己的良好品质与精神气质去感化学生,逐渐培养学生的独立人格。正如《礼记》中所说的,"师也者,教之以事而喻诸德也。"但凡为师者都注重德才兼备,不仅要教授学生"谋事之才",更要传给学生"立世之德"。再者,当学生面临情感上的问题时,我们也要主动去关心学生,跟他们聊聊天,倾听他们的内心想法,帮助他们抒发心中的不快和苦闷,让他们做回快乐的自己。播下的种子,除了定时浇水,我们还可以给它们施以肥料,让它们更好地长大。给学生以心灵关怀,努力做一个教育教学的研究者。

给学生以人文关怀。人文关怀,就是在理顺人与其他种种对象的关系中,确立人的主体性,从而确立一种赋予人生意义和价值的人生价值关怀,实现人的自由而全面的发展。其核心在于肯定人性和人的价值。在不断的教学实践中,我们始终都不要忘记一件事——教书育人。育人,从来都比任何事重要。有的老师为了追求教学成绩,提高及格率、优秀率,拼命地给学生灌输学科知识、考试技巧,连阅读名著都让学生死记硬背名著中的故事情节、人物形象,而并非让学生静下心去看,去感受每个人物的不同特点,去感受名著中的人性美。这样下去,学生就会失去对生命的理解与感受,失去对世间万事万物的思考而沦为考试的工具,这是多么悲惨的一件事啊!作为老师,我们要做的,不是想尽各种办法怎么去提高学生的学习成绩,而是通过不同的途径,让学生去获得更多的生命体验,更多的对于社会人生的思考和感悟。各种知识、技巧在多年以后，学生可能会忘记得一干二净，但是这些体验、思考和感悟却是有可能会长久地影响学生的一生，甚至永远存在于学生的内心深处。

面对年轻的学生们，我们更需要教会他们去感受生命，唤醒性灵。德国著名教育学家斯普朗格曾说过："教育的最终目的不是传授已有的东西，而是要把人的创造力量诱导出来，将生命感、价值感唤醒。"因此，教育应该是一种唤醒，应该是一个心灵感动一个个心灵，是一个人与一群人的思想碰撞，一个生命个体与一群生命个体的灵魂沟通，是生命与生命间的对话。著名的新东方董事长兼总裁俞敏洪，在一次演讲中提到了他多年前遇到的一位好老师。那时的他正处在高考复习的迷茫期，因为自己出身农民，家庭环境一般，即使自己拼命读书，也不知道能否考上大学；假若考不上，那就可能要回家当一辈子的农民，一生与田为伴。他的老师关注到班级学生的情况，于是在一次复习课上，跟他的学生说了这么一番话："我知道你们在座的小子，没有一个能考上大学的，你们以后一定都是农民，但是我依然要求你们每一个人，都去考大学，因为当你们以后回到农村，在田头劳动的时候，当你扛着锄头，仰望蓝天，叹息自己命运悲哀的时候，你会想起来，你曾经为了改变自己的命运，而奋斗过一次。"这番话，深深地触动了当时还是毛头小子的俞敏洪。就是因为这番话，他决定为自己奋斗一次，为改变自己的命运拼尽全力一次，直到最后考上了大学。俞敏洪在演讲的最后说道，是这番话，让他相信了奋斗的力量，并且影响了他的一生。所以播下的种子，还可以给它们多点阳光，让它们感受光明的力量，唤起它们对理想的追逐。教师也可以做一个人文学者，帮助学生树立正确的世界观、人生观、价值观，带给他们更多人文关怀。

要真正达到为师之道"三境界"，做到给学生以知识关怀、心灵关怀、人文关怀，我想我现在还有很多需要学习、需要提高的地方。作为一名刚入职的新教师，首先要树立终身学习的目标。现在的社会飞速发展，课标、教材、教法不断在更新变化。我们现在的知识是非常有限的，如果我们不主动学习，不去阅读有关教育教学的书籍，不汲取新的营养、新的知识，我们就会变成一潭死水。我们只有不断地学习，不断地思考，不断地充实自己的内在，更新自己的教育观念，不断地否定自己，才能不断地进步，带给学生更多的思考和感悟。我们不能让自己成为一潭死水，而要做有源头的活水。

在教学方面，要关注"语文课堂教学的艺术思辨"，要做到"能进能出"，不仅仅带学生"停留"在文本，还要让学生有更广阔的视野。由于教学经验不足，我们也要多利用空闲时间去听有经验的老师的课，学习他们丰富的教学经验，多从不同的维度、不同的视角去观课，借鉴他们好的教学方法。同时自己也要多思考，多追问，对比别的老师的高效课堂，自己的不足在哪里，要如何进行改进等等。但在这过程中要切记，我们要有自己的想法，不能让自己的思想成为别人的"跑马场"。

最后，作为新教师的我们还要时刻保持一颗谦卑的心。除了向老前辈学习，也要多与年轻老师交流，交换一些新的想法，碰撞出思维的火花。此外，我们也可以向学生学习，倾听他们的内心想法，了解他们的心理状态，帮助他们克服学习上的困难，和学生共同成长。

哲学家雅斯贝尔斯在《什么是教育》中写道："教育本身就意味着，一棵树摇动另一棵树，一朵云推动另一朵云，一个灵魂唤醒另一个灵魂。"我希望未来的我可以带给学生更多的"关怀"，能教给学生一生有用的东西，能让他们成为一个有灵魂的人。勇敢地播下每一颗种子吧，只要用爱去浇灌，用心去耕耘，我相信总有一天可以等到花开树茂之时。

（顺德区乐从大墩初级中学　杨晓锋）

带领学生诗意地飞翔

俗语有言："大雁高飞，功在头雁。"为了引导学生更好地走进语文世界，我们的教师应该像那沉着、自信的头雁，为了让学生每一次负重飞翔能更自信、勇敢和轻盈，需要付出的岂止是台下的十年功。

五次专题培训，让我认识到了好的语文教师需要做到怎样的高要求、高境界。就像内功深厚的武林高手，往往能以四两拨千斤化解危机。为了练就这轻盈的"四两"，往往需要历经多年的修行。

说到修行，语文老师提高自我内力的最好方式便是阅读。周小华老师说，阅读是一个自我启蒙的过程。这一点我非常认同。孩提时代，我身边的世界，不过就是那个小小的城镇。比别人幸运的是，我有一个外出工作的父亲，每次放假，我都可以去父亲那边的书店看海量的书。小时候的我便有过连续几天窝在书店的经历。阅读给我打开了一个新的世界，让我知道世界不止有甲乙丙丁，还有 ABCD；不仅有我们现在看到的世界，还有人类过去经历的历史、未来可能经历的奇妙。这样，阅读就在我心里早早构建出一个由横向的生活面与纵向的时间线组成的世界，它让我激动、欣喜和向往。

周老师提过一个问题：我们究竟用什么来征服学生？我思考良久。我想，我们无非是用我们眼中的世界勾起学生对未来的向往，用我们的经历激励学生不断前行，而我们的眼界、经历，就是我们能带领学生去往的高度。站在一个现在学生的角度，他只有觉得自己老师有太多可探索、可挖掘的地方，而这些地方，即使是如今这一信息爆炸时代，百度、Google 也不能轻易给出答案的，他才会心悦诚服地跟随老师的步伐前进。就如古希腊时的柏拉图拜苏格拉底为师，不会是因为苏格拉底是个大型的搜索引擎，而是苏格拉底的思想，让他所有的知识都熠熠发光。

我想，好的语文老师一定是一位好的阅读者、传播者和思考者。厘清了这一要求，便会觉得教师这个岗位真是任重而道远。而唯其道远，才值得我们不断上下而求索。

作为一名新教师，幸得学生喜欢，成绩都还不错。但语文教学真的仅仅是为了考试吗？这未免太小看语文教学的格局。周老师说：老师能出成绩才能立足，有了成绩后，才能更自由地教给学生一些重要且有趣的知识，帮助他们打开更大更广的世界。我甚为认同。在语文成绩稳定后，我又在不断地"吹毛求疵"，思考自己还想、还能教给学生什么。因为我还是一个年轻的班主任，当我看到有的学生在每晚15分钟看新闻时间段，无精打采地靠在桌子上，甚至有的学生还争分夺秒地偷偷写作业时，我就曾想过，我是否也应该引导学生关注时事，具有社会关怀的情感？甚至，当我上班会课时，明明是一个很温暖的话题，但学生却出现了戏谑、甚至不屑的表情时，我也会反省自己：当我们在不断追寻考试成绩时，我们是否也在丢失一些什么？这些困惑，在周老师那节《时评——提升思维力的途径》的专题课时，得到了很多启发。是的，我们都说道德教育，但与其在讲台上不断呼吁他们多一些社会关怀、多一些人文触动，不如实实在在地让学生自己带着疑问去观察、了解和记录这个社会的现象，这比简单的知识传授更能让他们铭记。虽然我所教授的班级还仅仅是初一，我的学生还仅仅是十三四岁的孩子，他们发出的声音也许天真、稚嫩，但还是应该培养他们具有一份大气与关怀，不要让他们成为单纬度的人。仅仅有成绩，那并不够，还需要有担当，有怀疑精神，他们所获得的知识才会更有温度，更具生命力。

《语文的使命》的作者王开岭老师在开篇提到："一个孩子对世界的认知和审美，其人格和心性的塑造，其内心浪漫和诗意的诞生……这些任务，一直是由一门叫'语文'的课来默默承担的。"此言真矣！我也曾问过我的学生：语文到底是学什么？学生有答：考试常识、阅读能力、表达能力等。我对他们说，不，语文最终要教会我们一种审美能力。语文是为了让大家更好地去理解这个诗意的世界。为了理解世间的美好，我们需要识字、模仿，掌握基本的表达、理解，还需要你们有想象力。你们可以把语文学习分成两大类：一类是功利地应对考试，为了得高分，要扎实基础，不断模仿老师教授的答题技巧、格式；而另一类，多阅读，天马行空地创造，提出自己的见解，不拘泥于套路。这样，才不至于辜负自己的青春。所以当我听到周老师说"青年时代如果没有写诗的冲动，是多么遗憾的事情"时，深有同感。

  语言、思维、审美、文化是学生语文素养的四项核心要素。世界那么大，我不希望我的学生成为只会考试输入程序的机器人。作为一名语文老师，我有责任也有义务在不断夯实成绩的同时，还要教会他们看到更大更广的世界。这一责任，提醒着我自己要不断地深化自己的内功。举例而言，3月的学雷锋月，每个班需要召开"学雷锋"的班会课。作为一个语文老师，怎么将一个老生常谈的话题谈出新意，这是我仔细想过的问题。因为老旧的话题一旦没有处理好，学生也就会"左耳进右耳出"。在班会前，我就已经提前预想到学生可能有的状况、疑问，并提前查找了相关资料。班会课一开始，我便问学生：对于雷锋这个人物，有没有疑问？有的学生不敢说，我就鼓励他们说，真的没疑问吗？希望你们能提出几个有价值的问题。后来有学生问我：老师，真的有雷锋这个人吗？我爸告诉我没有。我夸奖了他提出了一个好问题，接着，我告诉他们：其实老师也不知道。在查阅了相关资料后，我只能告诉他们这个答案。与其说他真实存在，不如说我们希望他存在。我们把雷锋塑造成一个神，而神不存在，但如果我们理解雷锋是和我们一样的人物，会在高兴之余把好事记录在日记里，这和我们大家不是就没有鸿沟了吗？现在网络上那么多人调侃雷锋，说雷锋做好事不留名，他只写在日记里。好像这样说，雷锋就会变得特别虚荣，而他们本人就能变得高尚一样。其实我们警醒的不该是那些把雷锋日记公开的人吗？雷锋本人难道有什么错吗?

当我引导学生往这些角度进行思考时,学生对于雷锋这个人物便会有深层次的理解,而且也会明白,原来可以不用尽信书里的话。怀疑精神,在阅读书本时是极其需要的能力。当我读本科时,教我《现代汉语》的刘老师曾经给我们留过一学期的古怪作业——让我们寻找教科书的错误,而他将视我们找到错误的数量和改正错误的质量给出我们的平时成绩。诚然,这个作业让我们慌乱,因为接受了十多年应试教育的我们,本能地相信书本,这上面会有错误吗?当我们为了分数,硬着头皮仔细翻阅教科书时,一个个小的纰漏、疑问却被我们找了出来。那种凭着自主、怀疑精神找茬的成就感,我终生难忘。如今我非常感谢刘老师,他真正教会了我一种精神——"尽信书不如无书"。这一点我也想教给我的学生。这是一种非常难得的能力。

为了学生轻盈、自由地飞翔,我们往往需要付出成倍的思考和努力。苏霍姆林斯基在《给教师的一百条建议》中指出:教师需要用一辈子的时间来备课。周老师也说:用思想来点燃课堂,不也正是这个意思吗?这漫长的教学时光,需要教师丰富自己的经历,不断用阅读、实践来提高自我能力,特别是对语文老师而言,更是如此。他需带领学生面对一个鲜活的世界,所以他本人需要不断地更新自己的方法、思考和知识储备。

海德格尔曾说:人诗意地栖居在大地上。怎样才能引领学生更诗意地飞翔,是每个语文老师应该思考的问题。作为一名新老师,必须不断地用阅读充实自己,更新自己的"弹药库",因为重复有可能导致创造性的丧失。而学习的过程,实质是尽可能有效摆脱教师的过程。所以引导学生自主阅读、怀疑、思考和发现世界的美好,使得他们在看待这个世界时,目光更加温和,眼神更加坚定。这是一个语文教师应有的担当,也是我在这五次专题培训后,重新思考后的沉淀。再次感谢这些备受启蒙的时光。

(广东顺德德胜学校　彭璐)

教育情怀入乎全心

2016年6月毕业至今，我经历过三场教师招聘考试，而我依旧清晰地记得三场面试的"自我介绍"上都明确表明了一个相同的观点——为我所热爱的这方寸土尽一点绵薄之力。这信念支撑着我，使我从未因其他客观因素而动摇决心，忘却初衷。《荀子》的《劝学篇》中有一句话："君子之学也，入乎耳，箸乎心，布乎四体，形乎动静。"教师应该始终持有这样一种学习之态，努力提高自身的文化修养，成为学生的榜样、社会的楷模。

从古至今，人们喜欢把世间万物划分为三六九等。划分的结果固然不科学，而施行的主体在实施"划分"这一行为时，已经失去了为自己辩解澄清的机会。什么是"人"——拥有独立之思想，自由之灵魂，区别于自然界的其他动物。漫漫人生路，不管是初见光明时的那一声啼哭，抑或是与世长辞时亲友的数声恸哭，都证明了我们作为"人"的存在。如此一来，"学生"，也是一个真真切切的存在。然而很多人把他们当作一种区别于普通人的群体，予以怜悯，予以批评。总之，"观察"便往往成为"视察"，"平视"则往往成为"俯视"。此时，我们扪心自问，教育情怀在何方？

一个多月的语文教学技能专业培训，一个个培训专题，让我沉静、深思和洗礼。回顾我短暂的教师职业历程，有过酸楚，有过痛苦，但滚烫的教育情怀依然在我心中。

我眼中的"学生"

当我仍是一名学生时，我享受这个身份；当我不再是学生时，我怀念这个身份；当我成为一名语文教师站在莘莘学子面前时，我热爱这种身份。

翻开资料百科，对于"学生"的解释有很多。比如，"在学校接受学习教育的人""接受他人的教导并传播和实行的人"等等。但于我而言，学生首先是"人"，是独立的、发展中的、具有完整人格的个体。他们不应因"学生"的标签而予以特殊化；甚至说，教师作为他们学习路上的引导者，不应居高临下。

春天，是生命最美好的象征。东风吹来梦想的种子，雨水带来滋养的甘露，春雷涌动生机，布谷催耕万顷。十三四岁的他们，正值人生的初春，这是每个过来人所渴望的生命状态，也是祖国未来的"潜力股"。

诚然，他们是学生，我是老师。可我，又何尝不常以他们为我的老师？校园里，每当他们亲切地喊一声"老师好"时，我或点头，或微笑回应，心中难免会想：今天，我对文本的解读过关了吗？我的个人修为怎么样？课堂上我的语言得体吗？我对课堂是否有足够的驾驭力……每节课下课前，同学们会集体起立，道一声"谢谢老师"，而我的关注点并不在这善意的形式或内容上；相反，我的内心炽热地感谢着他们——感谢他们仔细的聆听、信任的双眸和默契的回应。

正是命运所给予的美好际遇，我遇见了青春，遇见了无忧无虑，遇见了生命本该焕发的激情。因此，在我眼中，他们不仅是"学生"，也是世间最纯真、最鲜活的个体。他们具有独立的、自由的灵魂。我们所做的，不是抹杀他们的个性，磨平他们的棱角，而是注入强大的力量，尊重他们的知识起点、思维起点、情感起点。

我眼中的"学生"，他们是可爱的、自由的、平等的；他们可以任性，可以质疑，可以创新；他们需要呵护，需要尊重，需要等待。呵护他们的天性，其实都是我们力所能及之事。

生命中的过客

过去，我们在各自的圈子中生活着，有温馨的家庭，有亲密的挚友，有未来的憧憬。在时光的轨道上，我们不期而遇。而就在相遇的那一刻，我们成为彼此生命中的过客，唯一让我们牵挂的，这样一种不可逆的因素，也许是我们之间在某一瞬间形成的默契度。多年来，未曾有一刻感受到"离开"，便是永别。

那时，我是某偏远地区的中学实习老师。怀着兴奋与忐忑，我与10名小伙伴一同开始了四个月的红土地支教实习。语言不通以及文化差异，是我们需要克服的困难。可就在那里，我第一次真切体会到作为"人民教师"的喜悦，并且常常因为学生的纯真而感动。在我们即将离开那几天，学生们瞪大了眼睛，脸上表现出满满的不舍与期待："老师，你们要走了吗？你们还会回来看看我们吗？"当时我满怀激动，故作庄重地点头，嘴里吐出"会的"二字，可只有自己知道，这回答竟是虚弱无力的。

回到大学以后，离毕业还有半年的时间，每当我想起李渡中学2014届初二（1）班的60名学生，他们那无邪的笑声始终萦绕在耳畔。曾经的许诺，自离开后，便化作千斤重担压在心头。想着再去看看他们？可是路途遥远，无人做伴。想着在网上买点什么，邮寄给他们？这样是否扭捏作态，矫揉造作。想着在QQ群里柔情问候，或者为学生的"QQ说说"点赞？这是否多此一举，他们还会记得我吗……总之，诸如此类的想法不胜枚举。半年里，时间给予我无数次机会，而我，终在犹豫中蹉跎了岁月，在思索中增添了愧疚感。

回想往昔，小学、初中、高中以及大学，这十几年来我遇见了多少人和事，可最终成为永恒的又有多少？答案显而易见。我渐渐地明白了，过去是抓不住，记忆往往只定格在时间轴的某个点或某条线段上。当我们感叹之时，机会早已悄悄溜走。

我曾经几近执着地追求"完美",可总是抓不住它的尾巴。后来,我在《傅雷家书》中找到答案。傅雷说,人的一生不可能是完美的,却可以在人生的各个阶段实现完美。为此,我恍然大悟,那些与我渐行渐远的人和事,我是抓不住的了,也别妄想去留住他们,但我唯一能做到的,便是当他们在我眼前时,我努力一些,多一些呵护与珍惜,最后即便要离开,也无愧于心。

我最终把那些终将远去的人称之为"过客"。放眼当下,我真正意义上从事了教育工作,并把骨子里天生的"母爱"毫无保留地献给了两个教学班。未来一年或两年,我们都要挥手再见。到那一刻,我便成为他们生命中的过客。这样的结果,或欢呼雀跃,或事不关己,或泪流满面,或不舍眷恋,或悔恨万分。

正是由于对这一点了然于心,我常常毫不犹豫地告诉他们,茫茫人海中的短暂相遇便是缘分,一旦我们擦肩而过,终会烟消云散。作为学生当下的语文教师,我能做的不是掌控他们的未来,而是帮助他们正视自我,珍惜当下。在这一短短的光阴里,我需要做到对人无愧于天,对己无悔于心。

"学困生"的困惑

过去,由于单一的学习方式,单向的教育渠道,所以在师生的眼中,学生自然分成了"优生"与"差生",以及一些规规矩矩的"中等生"。换言之,他们不仅失去了自主选择的权利,也失去了为自己辩解的权利,因而糊里糊涂地进入了主观划定的区域。其实,每一名学生,都有其优缺点,只是有的与学习相关,有的与品行相关,有的与性格相关。教师不可一概而论。

在这些被赋予特殊标签的群体中,"优生"是耀眼的,"差生"是刺眼的。这样一来,极有可能导致成绩较好的学生为维护自己的荣誉而努力学习,继而磨平了个性上可持续发展的棱角;而成绩较低的学生则承认了贴在自己身上的分数标签,丧失对学习的热情,并且找不到其他兴趣爱好，那是最可悲的事情。因此，不管是学生、教师、家长还是社会各界，都应持有一种观念：学生是平等的个体，普遍认为的"差生"应当指"学习成绩暂时落后的学生"，即"学困生"。这种观念应当落实到日常口语表达以及文字表述中，潜移默化地改变人们对"学困生"的看法，唤醒其生命热情，让"学困生"重拾个体尊严和学习自信，体悟人生的快乐。

作为一名新教师，我对"学困生"的看法在现实的基础上有了很大的改变。上学期我接管了初二年级的两个班，他们的学习风气截然不同。其中一个班级里有"五只神兽"（这是以前的老师给班里的五名学生起的外号），经过初一整个学年的"积淀"，这外号已是"响当当"了。他们不仅不爱学习，成绩落后，而且在性格、品行上各有缺点。或许受到这样的影响，在教学过程中，我曾经下意识把他们归为"差生"——冥顽不灵，孺子不可教。更让我后悔的是，我也曾私下把他们当作"神兽"来看待，言语中多少带有轻蔑之意。可是渐渐地，我从他们的眼睛里看到了不公与不甘。我发现我错了，错在人云亦云，没有站在他们的立场上思考问题。

于是，我尝试沉下心来，寻找他们的闪光点，并且积极与他们沟通交流，过程中避免使用一些敏感性的词语。渐渐地，我发现他们有的写字好看，绘画漂亮，有的街舞跳得好，有的爱看名著，有的写作悟性较高，有的是班里鼎鼎有名的"工匠"。每当心里对他们的品行有所不满时，我总是暗暗地提醒自己：教师首先要端正自己的态度，他们虽然成绩落后，但都是可爱的人儿。

五名学生中，其中一名学生的改变尤为明显——上课认真听讲，作业认真，学会倾听，性格有所转变。更让人欣慰的是，他的作文虽然语言不通顺，错别字较多，但中心立意较为深刻，文章主题把握得比较好。因此我多次在班级里展示他的作文。他性格偏执，自信心不足，总是说一些既否定自己又伤害别人的话，所以我与他相处时更注意保护他脆弱的心灵。从这一个教育案例中，我深切体会到"学困生"的可塑性很强，在教育过程中要给予耐心，坚持探索，不要轻言放弃。

另外,这一个多学期以来,我一直在思考怎样才能扭转"神兽"的局面。前段时间,我忽然恍然大悟。师生们把他们定名为"神兽",但什么叫"神兽"?打开"百度百科",上面有许多令人振奋人心的关于"神兽"的解释:"中国古代最令妖邪胆战心惊并且法力无边""神兽的出现能给世人招来幸福,化解戾气""吉祥的象征""神异之兽"等等。因而,"神兽"并不是贬义词,相反它代表光明与力量。于是,借此机会,我在班里重新定义"神兽"的含义,并告诉他们,曾经的"神兽"尚未有成为神兽的资格,而我们每一个人,都应奋发进取,争当"神兽"的角色,给世界带来光明……诸如此类之意。自那以后,班级里再也没有与"神兽"相关的调侃,因为我们深知,我们离"神兽"仍有遥远的距离。

在"学困生"的教育问题上,我深切地体悟到"路漫漫其修远兮"。物理学中"力的作用是相对的"。那么在学生的教育问题上,过程与结果也是相对的。孟子有一句话:"爱人者,人恒爱之;敬人者,人恒敬之。"教师若想得到学生的普遍支持和尊敬,首先其自身须有一份一如既往的爱人敬人之心。这是一份内在信念。每当心生疲倦之时,让我们扪心自问,追本溯源,那么,教育大道依然康庄。

苏霍姆林斯基曾说过,"教育者的关注和爱护在学生的心灵上会留下不可磨灭的印象"。我始终认为,师生间联系的纽带,不只是思想的碰撞,还应有沁人心脾的温情。"教育就是当一个人把在学校所学全部忘光之后剩下的东西",延续爱因斯坦的说法,我希望他们多年后回想校园生活,留下的除了那仅剩的书本知识外,还应有为人处世的道理,以及校园里倾心相待的点点滴滴。

我热爱"教师"这个岗位,它不仅是我目前的职业,也是我终生为之奋斗的事业。未来,我将怀揣梦想,活出一个理想的、真实的自我;未来,在教育教学的实践过程中,我也会矢志不渝地坚守自己的信念——用眼看,用耳听,用心感受,做一名有教育情怀的语文教师。

(顺德区容桂实验学校 麦嘉欣)

行走在阳光之中，静默于希望之暖

转眼间，新教师培训的时光已然逝去，回望 5 月 5 日结业的那天，我们有着太多的不舍，或许是依旧相对无言和迷惘；或许是彼此真挚道声感谢和珍重，然后又继续出发吧。新教师培训，是我在职业生涯的起步阶段非常关键的学习期，不可或缺，也弥足珍贵。

无论如何，每段时光都是一种恩赐，在安静回首、追问自己有何心得与体会的此刻，无数的思绪悄然弥漫开来……

第一缕光：一句肯定，一份坚定

周小华老师在第一次专题培训时给我们播放了歌手王菲的《我愿意》这首歌，我当时的心情真的是难以言表。这是我从第一次听到旋律时就非常喜欢的一首歌，对这歌我非常熟悉，能够随意哼唱。那歌写的是一个人真正的心声，是拥有生命力的经典之作。在平时的工作和学习中，我总有些渴望，有些感觉，"无声又无息，出没在心底"，那正是源自自己内心的声音。人生在世，很多事都是自己在选择，自己做的某些决定，别人或许无法理解，但是自己就是发自内心地热爱着，自己就是愿意去尝试，不在乎有多么难。这正是自己存在的意义，是多么美好的事！对于自己选择的教师行业，一句"我愿意"，一句想要为此付出，也愿意为此忍耐和接受考验的心意，是千金难换的，令人动容的。我希望这一缕肯定的光，照进我的心里，给我心灵的力量，助我度过职业生涯中每个黑暗的时刻！

第二缕光：珍爱纯粹，珍爱自己

刚入职的时候，我也是万分迷茫，找不到方向，每天像热锅上的蚂蚁——团团转，忙忙碌碌，疲惫不堪。那时候恨不得化身超人，拥有无限的能量，完美地应对各项事务……而事实上，我只是一个普通的人，我经常迷茫，我会有情绪，我的身体开始响起警钟。周老师形容刚入职的新教师时说到一个词——"悲壮"，我觉得用得很贴切。教师首先是个人，连一个平凡人的平凡生活状态都没有，又如何能够出色地完成教学任务？每天给自己的心灵按摩疏通，每天给自己空间反思和总结，我们才能像周老师说的那样——更优雅。

我曾认真地问自己：有压力，感觉累，就代表内心不快乐的吗？还记得两个月前，我的工作和生活开始进入一个瓶颈期。我抗拒工作，抗拒处理各种杂乱问题，我在教学中迷惑，我感觉每天都缺少力气……我消极地应对工作的一切，对于生活也没有渴望和追求。后来我才发现，是自己活得不够清醒，在逃避压力，逃避考验，想要安逸享乐。像周老师所传达的理念，我们不知道今天做了什么，那就是瞎忙活一场；每天都很混乱，没章法，没计划，其实是对生活的不尊重。对于我自己而言，我的内心真正想要的是健康，是优雅，是自信，是高效，是阳光。只有清除负能量，才能让阳光穿透我的生命！

香港心性治疗室兼散文作家素黑在作品《一个人，不要怕》中写道："不执著于痛苦，转移注意力，将能量打散开去，不注意在那一点。当能量转位的时候，你反而更有机会去治疗自己，把问题看得清明透彻。真正的治疗是回到你的内在感觉，注意它的微妙变化。自己没经历过，你将永远不知道自己有多丰富，我们的身体要靠我们自己去发掘。感觉是很重要的，返回自己身上感受自己的身体，训练观察细微的感觉，感受全身的美丽，让自己发光。"就这样走着走着，我慢慢地看到阳光，感觉也更为细腻。

熬过困难时期，我终于明白，每份纯粹，都是生活和工作本身的模样。我也终于明白，简单的，清醒的，才是幸福的你，才是自己爱的你。有人说，实现梦想之前需要做很多自己不喜欢的事，我们也都需要走一些弯路才能知道自己爱的是什么。这一生这一世，为自己抬起头，珍爱每份纯粹和简约，珍爱自己，这样才能优雅地生长，骄傲地盛开。

第三缕光：极目眺望，拥抱远方

周老师曾提及一个"语文人"的概念，让我隐约感受到他那一颗热爱语文教学以及教育的赤子之心。他还说，教育是生命的完善、灵魂的感化，而不是应付的条条框框。我的心为此一震……是啊，为什么"教育"的是一篇篇必读的课文，是一个个必须掌握的知识点，是一张张检测的试卷呢？那些表象，重重掩盖了内在，让人迷惑让人乱。真正的教育，原来应是生命与生命的相遇，彼此相互感染和影响，相互促进和成长。

曾经，我也问自己想要实现什么样的生命价值。最终，我慢慢地体会到，立足于大地，扎稳我的根，做一棵向上生长的树，才是我最想要的姿态。我是谁，我从哪里来，我要到哪里去，这些我都不懂，但是我懂的，正是俞敏洪老师演讲时所提及的"草树"理论：

"人的生活方式有两种，第一种方式是像草一样活着，你尽管活着，每年还在成长，但是你毕竟是一棵草，你吸收雨露阳光，但是长不大。人们可以踩过你，但是人们不会因为你的痛苦而产生痛苦；人们不会因为你被踩了，而来怜悯你，因为人们本身就没有看到你。所以我们每一个人，都应该像树一样的成长，即使我们现在什么都不是，但是只要你有树的种子，即使你被踩到泥土中间，你依然能够吸收泥土的养分，自己成长起来。当你长成参天大树以后，遥远的地方，人们就能看到你；走近你，你能给人一片绿色。活着是美丽的风景，死了依然是栋梁之材。"

这一段话，在我中学、大学阶段的成长中给予了我深刻的影响，它让我懂得，人的价值就在于创造和奉献。我们不能独自而活，我们要保有好的精神状态，不断汲取养分，积蓄力量，长成参天大树，给身边的人做出积极的奉献，为他们带来绿荫，带来美好的一切。这也正是教育的意义，释放自己，绽放能量，用思想，用经历，用交流，碰撞出崭新的希望，创造美好的风景。

第四缕光：追梦若冷，希望来暖

作为一个教师，从专业中走来，我感到自己有太多不够，大学时的积淀更是远远不够。工作以来，学习的步伐更是放慢了很多，杂乱的事务绊住了自己的脚步，让自己颇感无奈。关于专业素养，语言素养、文学素养、理论素养……这一些专业的要求，我扪心自问，充满了羞愧和不安。温润之心、优雅之态、思想之辩……这些也都是得之不易的。但是，寻求进步的过程，就是终身学习、让自己丰盛的过程。一生的时光，得慢慢行走。每次听着周老师所分享的书籍和各种思想，我就更加明白，职业成长，是一个需要时间的过程，生命体验，是一段精致的旅途。

朱熹在《观书有感》写道："半亩方塘一鉴开，天光云影共徘徊。问渠那得清如许，为有源头活水来。"一切都需要积淀。我想，我需要也愿意用一辈子的时光，慢慢累积，同时保持着更新，保持活力。在教育追求之旅，我不怕苦，只要希望在，梦想在。现在，我只需要一点点信心、一点点决心、一点点勇敢和一点点希望。我相信，所有的付出，总会在某一个时刻全部回馈给自己。

每次打不倒你的，只会让你变得更强。作家李尚龙在《你只是看起来很努力》中写了令人动容的话："追梦若冷，就用希望去暖。"冰冷的时刻，总需要一个理由，给自己一股力量。

龙应台在散文集《目送》中说："有些路啊，只能一个人走。"生而孤独的我们，也能从孤独中开出花来。庆幸的是，总有一些人会出现，会相遇，陪伴自己走完一段段小时光。周老师，与您相遇，感激不尽！最后，与您分享木心先生的诗歌《从前慢》：

  记得早先少年时
  大家诚诚恳恳
  说一句　是一句

  清早上火车站
  长街黑暗无行人
  卖豆浆的小店冒着热气

  从前的日色变得慢
  车，马，邮件都慢
  一生只够爱一个人

  从前的锁也好看
  钥匙精美有样子
  你锁了
  人家就懂了

  其实，时光可以很慢，无论是现在，还是将来。人生，慢慢走，慢慢暖吧！

（顺德区龙江龙山初级中学　陈彩兰）

辑三　回望与沉潜

又待木棉花开时

四月的木棉花开得正好。

初次走入杏坛中学,满眼尽是锦绣之色。一想到为期五周的顺德区中学语文新教师培训,竟然是在这样花园式的校园里进行,不禁心生欢喜。

在我踏入教学区,准备走进上课的教室时,一个低沉悦耳的男声在身旁响起:"欢迎参加培训!可以先到教室休息一下。"循着声音,抬头,便看见站在楼梯间微笑着的周小华老师,外表低调又朴素,正是书上谦谦君子、儒雅学者的形象。春光不及夏阳炙热,却一如周老师那般和煦、温暖。

木棉花期不长,正如培训时间太短。才刚刚习惯了与同在大良教书的同行拼车前来培训的日子,立夏方至,我们就到了要挥手说再见的时刻。

一页页地翻过我的听课本,一遍遍地在脑海中回想起培训期间的点滴,我发现,我所记得的、所感动的、所收获的,绝不仅是这薄薄的小本子所能记载的内容。在这里,真诚地道一声:谢谢周老师!

五次培训课,印象最深的情节,便是周老师在第一节课播放《我愿意》这首歌时,主动走下讲台,与我们分享听完歌后的感悟。原本以为参加培训的课程是枯燥的,屏幕皆是文字,老师一遍遍地重复《教育学》《心理学》和写在书上的语文教学的内容——就如第一阶段的集中培训,因人数过多,来主讲的嘉宾一般手握话筒、口若悬河地端坐在讲台上,而台下坐着的学员则低头各顾手上的工作。周老师偏偏不走"寻常之路"，竟然放下身段，走下讲台，与我们这些教坛新人，来一次真诚的沟通与交流。这样的上课方式让我非常感动，因为我感觉得到周老师是真的把我们当作他的同行，是真的在向我们传授他的经验，是真的愿意与我们建立一个平等的、信任的关系。这不禁让我想到，作为已有半年教学经验的教师，我自己又有多少次愿意放下身段、走下讲台去倾听学生的意见？又有多少次愿意轻声细语地耐心向学生阐述我的观点？成绩、纪律、作业和考试等等，这些东西似乎占据了我全部的脑容量，我自走上讲台，便开始以"我是老师"的身份开始上课，我竟然从来没想过要如何去主动拉近师生之间的心理距离，也没有想过为什么我的学生从来不敢主动到办公室找我。上一学期，有一段时间，因教学成绩不佳，我反复问自己是否真的适合当老师，是否真的喜欢当老师。这样的情绪持续到了这一学期。学生分科后，我正式成为一名理科班新上任的班主任，面对繁重的工作，我有时会回到毕业前那个对前路迷惘未知的迷糊状态。而恰好第一次培训课上，周老师播放了《我愿意》这首歌，他走下讲台，微笑着问我们听完歌后的感受。这时一个男生站了起来，几乎说出了我的心声："我们初进职场，首登讲台，投入一腔热情到教学工作中，虽然很累，虽然要接受不完美的教学成绩，但是我们苦中作乐，泪中带笑。我不后悔当初的选择，我愿意成为一名中学老师。"我突然觉得很感动，突然明白周老师播这首歌的意图。成为教师，就是选择了一份担当、一份责任和一种使命——行走在教学之路上，不管起步有多艰难，作为教育界的新人，不管要承受多少压力，我们始终应保有初心，坚守信念，既然选择了投身教育，就要无怨无悔坚持下去。当以后回顾自己的教师生涯，我希望我的愿意，成就的是我无比的幸福和自豪；我希望我的愿意，收获的都是心中无限的甜蜜。

　　五次培训课，收获最大的便是有幸参加观摩了周老师主持的教师工作室开展的作文教学示范课堂。虽然我现在还只是一名高一的语文教师，暂时还未接触到议论文的写作教学，但我相信各种文体的写作自有相通之处，虚心按照周老师教授的观课、评课要求实践，一定会有所收获。上课的两位老师虽然风格各异，但都抓住了学生在议论文写作上存在的问题，从考纲要求、写作方法、行文思路和结构安排等方面，在课堂上循序渐进地对学生进行写作指导。

陈老师语言干脆利落，整节课思路清晰，课堂节奏把握得很好，处处注重对学生进行作文思维的训练。而彭老师语言幽默，虽然是"借"班上课，却很好地与学生进行了互动，尤其是将作文方法浓缩为"思辨探因"四字，既简要精炼，又能明确地把作文的步骤教授给学生。课后，区教研室的曾老师对陈老师、彭老师的展示课进行了高度的评价，认为这两节课对高考任务驱动型材料作文趋势进行了可贵的探索，并认为这两节课对听课老师日常的议论文教学也具有很强的示范指导意义。

周老师亦在最后为我们进行总结，其中提及一点是训练学生的写作思维，应让学生进行课前三分钟微演讲。实际上，我的课堂亦有开展这一课前活动，但效果总是不好。虽然我一直在班上强调学生应多读书、多思考，但上台演讲的学生所选内容往往平淡、肤浅，三分钟的时间"浓缩"为一分钟便敷衍着结束了。经周老师提点，我意识到，学理科的学生更应加强对时事的关注。学生"两耳不闻窗外事"，又怎能要求他们演讲的内容有深度、有锐度、有温度？

回校后，我开始对班上的课前演讲提出相应的要求，上台演讲的学生，自己必须先确定一个明确的主题，可以与学习生活相关，可以与校园生活相关，更鼓励与社会生活、时事报道相关。同时我开始在网上寻找好的时评与社评，打印出来并张贴在班级的墙上。我认为，营造一个良好的学习氛围，不只是学生们自己的事情，更是一个老师应该协助学生共同去做的事情。

五次培训课，对我启发最大的就是探讨"课堂教学艺术思辨"这一专题。课前，我在空白的纸上提出的问题是（只记得大概）：①如何选取教材内容？教师课前常常准备得非常充分，而课堂往往没有办法完成预定的进度。应如何确定课文的教学重点以及筛选课文的内容？②教师应如何有效地设置课堂问题？课堂上提出的问题学生无法即时理解并即时回答。或许因为我问的问题正是大部分新教师存在的问题，周老师首先讲的"增补删减"原则，就恰好回答了我的第一个困惑。在教学过程中，我常常觉得从课文到注解，每一个知识点都是不能错过的，我总希望传授给我的学生最全面、详细的知识，但这样的我常常是办公室讲课进度最慢的人。让我倍感委屈的是，即使我教得再详细，我们班的成绩还是很难提高。听了周老师的培训课，我开始思考如何运用加减法促进教学。我开始试着不讲学生能够在练习册、能够在注解中直接看懂的内容，但补充我对文章的一些见解及体会；我开始试着以《祝福》（人教版高一必修3小说单元课文）为例进行长文短教，提出三个与课文相关的核心问题：①如何理解文题"祝福"？②小说中哪些人物是被"祝福"的，哪些人物是不被"祝福"的？③结合原文相关情节，分析造成祥林嫂不被"祝福"的原因何在？虽然这三个问题的提出我自认为还不够合理与完美，但我会继续以不同的课文作为教学模式的摸索对象，实践周老师教给我们的课堂教学方法。

五次培训课，还留下一个遗憾，便是因处理家事而无法参加第四次培训。但幸好，我在这个课堂上认识了新的同行，新的朋友，借助他们认真的笔记与详细的解说，我虽不能完全还原课堂的真实与生动，但我能感受到老师的真诚与学员的积极。我无比期待，下一次我们这一期的学员和周老师再见面时，老师还是那个爱笑的、温和的老师，而我们这些学员都已变得成熟，变得能够在教学过程中独当一面。

叶圣陶先生曾说："教师之为教，不在全盘授予，而在相机诱导。必令学生运其才智、勤于练习，领悟之源广开，纯熟之功弥深，乃为善教者。"我想，若把培训看作一个完整的课堂，那么周老师就是叶老夫子口中的"善教者"，而我们虽为同行，但在"善教者"面前，就是一个个虚心向学的学生。学习了精彩的培训内容，做满了密密麻麻的笔记，回到各自的工作单位中，我们必须在中学语文教学上有所实践，才能够真正领悟到周老师的良苦用心，才能真正成为一名优秀的中学语文教师。

五月的木棉花簌簌凋落，不到园林，怎知春色如许？

杏坛的木棉花，落了，谢了，满地不见绚烂的红，似在暗示着离别的日子将近。若没有这次培训，我又怎会认识到敬业的周老师与各位同在语文教学路上探索的同行？蓦然发现，原来，我在与各位优秀的顺德区新教师共同成长之时，也在努力朝着成为一名优秀的顺德区新教师这一方向而努力。也许，我们每天都做着平凡的工作，但我相信，我们现在的努力付出，正孕育着无数不平凡的结果。真的很庆幸遇见你们。

五月的木棉繁花落尽。但我相信，明年一定如期盛开。

(顺德区第一中学　彭千)

过去与现在的完美邂逅

初面，美丽的误会

深邃而犀利的眼睛，闪烁着敏锐与智慧的光芒；刚毅而俊挺的脸孔，散发着棱角分明的冷寒；壮实而健硕的身材，彰显着执着而迷人的魅力……站在教室门口，我先是一愣，这不就是我初中最崇拜最喜欢的语文老师吗？按捺不住的惊喜，我定了定神，用渐渐发热的双手揉了揉疲惫的双眼，我才惊觉，原来这是一个美丽的误会呀。

朋友之间经常聊起初三的语文老师，"他的眼睛会杀死人！""那么多年过去了，周老师还是那么年轻帅气，身强力壮。""那些不认识他的人还以为他是学校的体育老师呢！"……不得不承认，您跟我初中的语文老师实在是太像了，而且你们也都姓周；也不得不承认，从见到您的那一刻开始，我已经满怀兴奋地期待您带领我们通往精彩的新教师培训之路。

柔软的微风拂面而过，鸟儿无痕自在飞，此时春日暖阳正好。

讲台上，麦克风发出的声音，是刚与柔的完美结合，略带磁性，充满吸引力。我小心翼翼地把手机扔在某个角落，静静聆听来自天籁的声音。我很好奇，您用了什么"妖法"，把我吸引住，甚至震慑住。除了那诱人的声音，还有那一双黑得发亮的眼睛，显得那么细致、锐利、深刻。这个小小的空间里似乎蕴含着无穷大的能量，像一条时空隧道，源源不断地有缤纷多彩的知识荡漾出来，一直流溢到了我的心底里，荡漾出了一朵朵洁白亮丽之花……我享受这样的课堂。

知音少，弦断有谁听

　　没有课件，没有多媒体，没有任何道具，只有一个麦克风，一支粉笔和一个傲立挺拔的语文人。精辟的板书加上具有穿透力的语言，是课堂的精华。学生一边认真聆听，一边积极做笔记，一边主动思考，一边相互交流。理想中的课堂氛围，我竟然能在周老师这几天的课上完美地体验到，此时此刻，我觉得我非常幸运。如此课堂，其实我自己也在一直探索，并尝试着。

　　循例，第一个学期，我们学校的新教师都要上汇报课。我用心准备的第一次公开课讲完了，前辈们给我的评价褒贬不一。大部分老师认为这节课缺少与学生的互动；小组合作的课堂模式没有表现出来；教师讲得太多，学生表达机会少……其实，已在意料之中，我心里非常清楚，我的课与学校提倡的教学模式背道而驰，这节课能获得好评么？但有几位老师评价却是不一样，他们说非常喜欢这样的课堂氛围，教师一边娓娓道来，学生一边静静聆听，一边认真思考做笔记，这一节课，学生是真正有启发有收获的，在教师的引导下，学生的思想火花一直在迸射，学生的思考能力一直在提升……"知音少，弦断有谁听"，那一刻，我激动得近乎热泪盈眶，并非因为他们对我或者对我这节课的夸赞，而是我真真切切地听到了自己内心深处真实想要表达的声音。"作为教师，我们追求的不是荣誉本身，而是职业的认可"，周老师的话句句入心。

　　在矛盾中挣扎了一段时间，第二次机会又光荣地降临在我身上——校级公开课。与上次不同，这次，我忐忑不安，精心策划。结果，前辈们对此评价很高，承蒙学校厚爱，我载誉而归。可这一次过后，我又重新陷入了思考：到底什么样的课才是好课？到底这节课要怎么讲才能讲得更好？当你对自己的评价与别人对你的评价发生冲突的时候，我们应如何去处理好这些矛盾？是继续选择孤独地前行，还是积极地融入群体？在理论与实践还不足以支撑自己的观点，无法迅速为自己的种种问题给出答案的时候，我只能一边慢慢地摸索，一边静静地等待。

发自内心的声音

我最欣赏周老师的一点，就是说真语，道心声。"我们要做一个健康的人，健康是你成为所有角色的前提。""我讲的都是发自肺腑的声音，都是推心置腹的。""要做一个纯粹的语文人，做一个纯粹的老师。""用你的语言魅力去征服别人。""很多东西都是练出来的，我们得练。"……当我看到你苍劲飘逸的笔画写在黑板上的时候，我会不自觉地在下面跟着你一笔一画地、认真地写着。我知道，你确实是在说真话。一手好字，需要练；一口流利的普通话，需要练；好的文笔好的口才，需要练……令我惊讶的是，我们之间有越来越多的交叉点，比如您举了一个每天捧着现代汉语词典练习普通话的例子，从满嘴的家乡话到现在操一口标准流利的普通话，这个过程，我几乎是感同身受，因为这样的事情就发生在我爱的人身上。不会讲普通话，口齿不清，嘴里蹦出来的一个个词经常被路人甲乙丙或者同学ABC嘲笑讥讽。于是，他每天捧着《普通话测试》来练习，从一个字，到一个词，再到一句话，一个话题，一篇文章，经过近两年的过五关斩六将之后，他终于脱胎换骨，成了别人夸赞、羡慕的对象，就像站在讲台上的周老师一样。作为他的陪伴者和见证者，我深深地懂得，能力是可以训练出来的，奇迹是可以创造的。我在周老师身上看到了太多熟悉的过去的影子，因此，您说的很多话，那些您发自内心的声音，我都非常信服。

每当老师您转过身去板书的时候，我就会开始陷入沉思，我开始不停地逼问我自己：作为一个语文老师，为什么我没能写出这么漂亮的粉笔字？为什么我没能练就一张能说会道的嘴？为什么我讲话的逻辑这么混乱？……当许多优点都集中在同一个人身上的时候，我会恐惧，我害怕我已经比别人慢了一大步，我担忧我已经远远被甩在后面。在我眼前的这位周老师，给我树立了一个近乎完美的学习的榜样。"路漫漫其修远兮，吾将上下而求索。"

优雅地行走，诗意地栖居

"当生命充满艰辛，人或许会仰天倾诉：我就欲如此这般？诚然，只要良善纯真尚与心灵同在，人就会不再幽怨地用神性度测自身。神莫测而不可知？神如苍天彰明昭著？我宁愿相信后者。神本人的尺规。劬劳功烈，然而诗意的，人栖居在大地上。我是否可以这般斗胆放言，那满缀星辰的夜影，要比称为神明影像的人更为明澈洁纯？大地之上可有尺规？绝无！"在德国诗人荷尔德林的眼里，在西方的国度里，诗意已经具有了超越性和神性，而不仅仅具有我们所认为的中国式韵味。"世界充满劳绩，人却诗意地栖居在大地上"。如果人，特别是语文人，需要选择一种生存姿态，我认为应该是"诗意地栖居"，诗意的生活是"真正的人"的生活。

"啊，诗从何处寻？在细雨下，点碎落花声。在微风里，飘来流水香。在蓝空天末，摇摇欲坠的孤星。"诗意何处寻？宗白华已经告诉了我们。读懂自然的真，读懂人情的善，体味艺术的美。"在生活和工作、学习中，我们要有一双发现真善美的眼睛，要用一颗充满真善美的心去书写生命中的真善美"。这是每学期开学我都会跟学生讲的话。而我，则致力于打造诗意的课堂，做一个充满诗意的语文教师。读诗、写诗是我生活中不可或缺的部分。

孤独的语文路，慢慢走

高三的语文老师曾跟我们说：大学最重要的三件事就是博览群书、广交益友以及谈一场轰轰烈烈的恋爱。我牢牢地记住了这三件事，并在大学真正地付诸行动。

周老师也说，一个语文老师最重要的是读书，安静地读书，在阅读中找到自我。而热爱阅读的人，注定是孤独的。最近流行这样一句话：有思想的人，在哪里都不会太合群。的确，身处繁华与热闹，我们常常会觉得自己与周围的人格格不入，找不到能与之聊天谈心的人。人，生而孤独。我认为，孤独是人的一种最正常的状态，人在孤独的时候才是最饱满最充实的时候。古今中外，多少充满思想的人都是孤独者，你又何必为了迎合大众而特意去磨平自己的棱角？

您说，我们要做一个实实在在、真真正正的语文人。我非常认同。我认为要成为一个语文人，首先要爱她。的确，我非常喜欢语文，但我还没有勇气，还没有足够的底气和自信去说，我爱语文。真正地喜欢上语文，源于高中的一位语文老师，我们叫他老唐。三尺讲台，一个一米五左右的小老头，一把蒲葵扇，一壶清茶，一手狂傲不羁的粉笔字，一张充满思想与个性的嘴，时而仰天长啸，时而闭目沉吟，时而放声高歌，时而深情长叹，串联成了富有语文味的课堂。如此充满生命力、饱含人情味的一幕幕深深烙印在我心底，这辈子，难以忘怀啊。

因此，我既紧张又兴奋地选择了这条能够成为"语文人"之路。深知这条路要走好，走远，走深，不容易，或者确切地说，很难。但每每对远方感到胆怯甚至恐惧、对遥远的未来望而却步的时候，"我乃唐门子弟，有何惧哉！"这句始终萦绕于耳边的话，会源源不断地给我以无限的激情与勇气。老唐，他似乎就在不远处看着我，鼓励我前进。老唐已是情到深处，爱语文爱到了骨子里。而我呢，我常常开玩笑说，我要接老唐的班了。而现在，我不敢随意把这句话挂在嘴边了。我认为，要爱语文，把语文融入生命、血液里，你才有资格有底气说你是老唐的接班人。

漫长而孤独的语文路，要慢慢地走啊，慢慢欣赏！

(顺德区龙江中学 罗慧玲)

年轻人当如何为师

一说起"年轻人",人们似乎马上就会想到健康的身体、鲜妍的面孔和旺盛的精力。我这里所说的"年轻"其实并不单单指年龄。

汪曾祺写他的老师金岳霖,在上"小说和哲学"的时候,忽然停下,说:"对不起,我这里有个小动物。"说完捏出了一个跳蚤,"捏在手指里看看,甚为得意。"金先生当时已超40岁,但这种童心和情趣,恐怕足以让很多年轻人羡慕。

年纪大的人依然可以年轻,而对于我们这些真正的年轻人来说,最可怕的是,还未真正体会过年轻,就开始变得衰老。

此话并非无病呻吟。入职近一年,我结识了很多年纪不大的老师,平时听得最多的,并非教学中的交流和思考,而是抱怨繁杂的班主任工作、无聊的各类检查等。年轻人应多干活,本也无可厚非,然而年轻人终究也是人,当精力整天用于应付各种无益的事务,他们就会失去活力和情趣,变得老态龙钟。身边就有一些年轻老师,端着看破红尘的神色,跟刚入职的新人交流,一副"老油条"的样子,岂不悲哉?

年轻人应多干活。干什么活?做有意义的工作,培养兴趣,博览群书,苦中作乐。

对于年轻人来说,被布置各种琐碎的任务无可避免。在写这篇心得之前,我刚完成了德育处交代的撰稿任务,并录入了多个班的期中考试成绩。然而,在加班两个小时后,我回到宿舍,依然可以写两尺小楷,泡一杯清茶。生活的情趣跟工作量的多少其实并没有太必然的联系。对于年轻的教师来说,知道自己在做什么,要做什么,显得尤为重要。这

也是我听完周老师五次分享之后最深刻的体会。

年轻的周老师

听周老师的讲座，说实在，令我十分感动。在周老师身上，我看到了属于年轻人的气质。何为年轻人的气质？理性、热忱、自由、宽容，有情趣，少俗虑。年轻教师往往在学识和经验上比不上年长者（当然周老师是个学识一流的年轻人），但年轻教师的理性观念和勤奋热情足以让学生获益良多。

周老师曾和我们交流过他的"收藏"，数百篇的练笔、评论，畅所欲言，汪洋恣肆，都是出自学生和他自己之手。我非常同意周老师关于培养学生自由思想的观点，陶行知说过，"教育者不是造神，不是造石像，不是造爱人。他们要造的是真善美的活人。"知易行难，周老师作为一位老教师，却能保持这份热情和爱心，不由得让人心生敬佩。周老师说："虽然我现在40多岁了，但比起身体来，很多年轻老师未必比得过我。"年轻的周老师，其实，又何止是身体的年轻？

我不由得想起大学时的语言学老师蔡建华教授。他那跌宕起伏的腔调，风趣幽默的语言，兴致一来，还哼起小调的自由洒脱，还有那"羽扇纶巾"的样儿，真有年轻时周瑜的风范。

所受启发

周老师的讲座给了我诸多启发，而有些东西并非区区语言可以表达。

我想起了前段时间我和母亲的对话。母亲说，她现在觉得舒服多了。上个学期，我经常在电话里抱怨工作忙碌烦琐，她听到之后也感觉不好受，幸好现在我已经适应过来了。我听到母亲的话时，首先是错愕，然后是愧疚。

上学期大约有大半个学期的时间，我都处于一种迷惘慌乱的状态，在各种工作和琐事中疲于奔命，也少不了向家人抱怨。这本也是常情，但我却忽略了自己无心的抱怨，无意中传播了负能量于家人身上。其实，家人如此，学生何尝不也成为我心态不正的受害者？正如我上文所说，最可怕的，就是还未发挥年轻人的闪光点，就开始光芒消退，暮气沉沉，"以己昏昏，使人昭昭"。有一段时间，我严重地本末倒置，被班主任工作和学校工作压得喘不过气来，甚至连课也备不好，何况上课呢。现在想来，无比惭愧。

前事不忘，后事之师。作为年轻人，必须要明确作为一名老师的职责。何为老师？有热忱、有情怀、有爱心、有责任之人，他的一言一行，都会深深地影响学生。如果老师整天愁眉苦脸，庸俗不堪，那我们的教育风骨何在？所以，成为一名有品位、有追求、有思想的教师，是我们的目标和使命。如何做到？周老师的讲座，给了我们明确的答案。

多读书、多思考

周老师给我的一个很重要的启示，就是必须要多读书。刚入职的年轻人，在事业方面，其实也是一张白纸。作为一名老师，我希望填满我自己那张白纸的，不是圆滑的处事、世俗的利益、日复一日的柴米油盐（当然这些东西也不能或缺），而是理性的智慧和广博的见识。教师是一个需要不断增长见识的职业，我知道有些老师在正式工作之后便鲜有接触新知识，在叹息之余，也警醒自己必须引以为戒。

最近在读汪曾祺的散文，看到他写在西南联大时自己和同学们读书的情景，带上两本书，在茶馆里一坐，便可以看上一整天。思及我自己大学时代的读书情况，实在惭愧。成为老师之后，我尽可能地多阅读、多思考。在上学期，尽管如上文所说杂务缠身，但还是在犹豫了很久之后买了一个kindle阅读器。现在我真心觉得这是整个学期中做过的最正确的决定。有了更多的阅读机会和时间后，我发现，自己的状况其实远没有所想的那样糟糕。只要安排得当，心态平和，再忙的时候，其实都可以看书、听戏，做一切自己喜欢的事情。这个变化直接促进了我快速地适应学校工作，并培养了更多的业余爱好。

顺带说句，虽然我平时很少使用QQ，也甚少在上面发言，但周老师在群上共享了几本书籍的时候，我马上下载了下来，在一旁偷着乐。

有温度、有情趣

一个年轻的老师应该是怎样的？学生们大多喜欢年轻的老师，除了个别老师的确长得好看之外，大多是因为年轻老师亲和，有趣，不死板。

然而，我发现很多时候，年轻老师会在这一点上让学生失望，在讲台上，谈笑风生的是年长老师，而年轻老师常板着一张脸，收效却甚微。究其原因，除了经验欠缺之外，还有恰如上文所说的，自顾不暇的年轻老师们并没将为师的亲和、有趣、不死板内化到一言一行中。

尤其是当班主任的年轻老师，终日为学生的调皮头疼，想方设法要"管理"学生，在课堂上也难免出现"风声鹤唳，草木皆兵"的紧张气氛，将本应活跃的课堂变成了了无生趣的思想品德课。周老师分享的时候说，老师要"有锐度，有温度，有深度"。确实是一语中的。"温润如玉"并非年长者的专利，年长老师的温度接近父母，年轻老师的温度接近朋友。当学生的朋友，并非是让学生目无尊长，而是能宽厚待人、可敬可亲。去年圣诞节，我收到我班学生送的圣诞节贺卡，上面写道"老钟圣诞节快乐"，让我不禁失笑。当老师能把心态放平时，就会发现，学生除了是自己的"捣蛋鬼""麻烦精"之外，还可以是一个可爱的小天使。

有温度并非勉强或虚伪，而是自然而然。当然，要成为一名有温度的老师，首先要是一名有生活情趣的人。一个了无生趣的人，要挤出点温度来，恐怕如拉牛上树般勉强。我自认为是一个爱好广泛的人，平时看书、听戏、写字、喝茶、看球、闲逛，不一而足，情趣盎然。

一个有温度有情趣的老师，才能培养阳光自信、幽默豁达的学生。

后　记

磕磕碰碰写下这些文字，总觉水平不足，词不达意，甚是惭愧。其实，它包含了我入职大半年以来的感受。为师之道，一言以蔽之，曰"赤子之心"。年轻人要有年轻人的朝气和风骨，保持理性，充满思想，才能让自己和学生有更大的获益。

《论语》有云："益者三友，友直，友谅，友多闻。"其实老师何尝不是这样。最后，感谢年轻的周小华老师，五次培训，的确令我获益良多。希望以后有机会能再次聆听周老师如沐春风的教诲！

（顺德区碧江中学　钟佩瑜）

人生不应如逆旅

第一场中学语文新教师培训仿佛就在昨天，今天却已告一段落。人生如逆旅，许许多多的人从我的生命中走过，走过又离开，留下或重或轻的痕迹。回首这短短五周，周老师的每堂课都给我以方向、以目标、以积累、以启发、以思考。这大巧不工而又浓墨重彩的一笔，相信会在我未来的职业生涯中一直发光发亮，照亮前程。

专业尊严：一半是土地，一半是天空

3月26日，海子的忌日，也是我们语文新教师培训的第一天。海子的诗歌常是土黄色的——泥土、麦子、秋天、黄铜……他说他热爱土地，不如说土地选择了他。这个农民的孩子笔下的诗根植于广阔而肥沃的中原大地，疯狂伸展，野蛮生长。温暖的春风撩拨过漫山遍野的根系，地上就开出了红色的花。专业尊严，又何尝不是扎根于深沉的土地？尊严的基础，就是专业。作为一名语文老师，我们必须要有力量——技艺的力量、思维的力量和前行的力量。

技艺的力量，就是我们作为一名语文老师应该具备的教师技能。扎实的基本功，是专业的核心，也是尊严的底气。思维的力量，就是一位语文老师应有的人文素养和思维深度。一个不常思考、不会思考、不去思考的语文老师，教出来的学生只能是浅薄的，了无生气的。前进的力量，则是终身学习的观念。做教师难，做语文教师更难。难就难在，语文枝繁叶茂，一望无际；难就难在，语文生机勃勃，奔流不止。语文永远是活的。站在人类知识的顶峰俯瞰中学阶段的知识，我们不常说有新的数学、新的物理、新的化学。因为这些学科有其原理、定理等既定的规律。即使变，变的也只是课本，知识本身不会有太大变化。语文呢？无时无刻不有新的语文。就如同一个公园里的小孩，你永远不知道下一刻，他会跑到哪里。与此同时，与语文相关的媒体技术也一直在革新。过去，语文老师讲究硬笔、毛笔、吟诗作对……今天呢？电影鉴赏、音频编辑、视频制作、网络自媒体创作……好像什么都应该学一点、会一点。这样，作为"语文人"，捉襟见肘的时候多了，胸有成竹的时候少了。而正是这样的危机感，督促语文教师终身学习，不断前行。唯其如此，我们才有前行的力量。

唯有脚踏实地，才能产生真正的尊严。愿我能从这浑厚的语文大地里汲取力量——一份在旷野中敢于仰望天空中的璀璨明星和陌生眼睛的力量。

专业阅读：凝望书中的宇宙

回想起自己读过的书，除去必须读的，便是一些小说。唯一值得一谈的，是李泽厚、宗白华和朱光潜等美学大师的书。这都出于对美学的浓厚兴趣，实在是可遇不可求的。

今日之读书，犹如战斗。与手机斗，与电脑斗，与花花世界斗。读什么，怎么读，都没有先翻开书本这个大前提迫切。我们常谈读书的必要性、重要性，希望把读书内化成一种需求，让大家"知耻而后勇"，痛定思痛，翻开书本，畅游书海。这样的思维方式当然是正确的、有益的，但却不能说是"纯粹"的、"自然而然"的。

何谓"自然而然"？就是遵循最原始、最根本的人性。时常有人提出"快乐读书"的观点，仿佛不快乐的读书、困难重重的读书，都是陈腐的、错误的。然而，鱼与熊掌不可兼得。正如学习无疑是有苦有乐一样，读书，有春风满面的时候，更有灰头土脸的时候。在读书中夸大快乐的功效，就如同在学习中夸大兴趣的作用一样，祸害深远。非快乐的书不看，非痛快的话不听，久而久之，眼光就必然越来越狭隘，思想就必然越来越浅薄。

所以，我提出一个观点，要给读书提供方便。一则在这纷扰的世界给读书开一条路，二则避免读书内容的浅薄。

怎么提供方便？就是随时都有好书去翻阅，随处都"无丝竹之乱耳"。房间有书、床头有书、办公桌有书、手机有书……只要想走，随处都是康庄大道。只要想游，随时都可曲径通幽。再者，养成手机阅读书本的习惯，与碎片化阅读抢载体，更与游戏、肥皂剧抢载体。

明白专业需要什么，从而构建属于自己的经典的、穿越生命的、系统的阅读体系。

专业课堂：多维融合的艺术思辨

语文课堂犹如大禹治水。面对学生的"奇思妙想"，宜疏不宜堵。能引进去，又能带出来。能放出去，又能收回来。能钻研点，又能把握面。团结紧张，严肃活泼。正好此前探讨过关于课文与写作的结合与利用，在此摘取部分与老师交流探讨。

如果说"样例"的开发在于"精""准"，那么"样例"的应用在于"巧""妙"。教师发现了文本的价值，要在围绕本体性内容展开教学的同时，巧妙运用"样例"让学生经历从"认知"到"实践"到"迁移"的过程，培植学生语感能力的生成与发展。

"样例"的应用要把握呈现的时机

"样例"经过筛选之后，在教学中还需寻找最契合的点来呈现"样例"。多数时候是在写前呈现，学生有个参照，创设的情境切合，话题明确集中，学生就有话想写，有话可写；有时在写后呈现，通过比照、修改后获得提升；也有的时候是在写时出现了问题，教师适时呈现"样例"，让"样例"中的情境和学生生活实际有所碰撞和交融，力求发挥最大的功效。

例如，学习完《从百草园到三味书屋》后，学生了解到鲁迅先生描述自然景物的手法，包括从外形、颜色、声音、动作等多个不同的层面来展开描述。教师可以引导和鼓励学生学习鲁迅先生描写自然景物的手法，学生仔细观察周围的事物，仿写一篇和校园或者家乡有关的文章，这样的样例开发能够达到很好的写作效果。

"样例"的应用要植根于体验、感悟

写作指导中，过程体验能较好地悟出写作的方法，提高写作的能力。只有良好的体验和感悟，学生才能真正地掌握各种写作技巧，不断地完善写作能力。

《皇帝的新装》一文的学习引入了电影欣赏，课堂中，以"游行大典"为例进行文影对比。学生发现，电影中的细节刻画更为细致。比如，皇帝穿上新装在游行的时候的小细节，以及周围围观群众的表情都刻画的惟妙惟肖。而课文中只用几句话一带而过。于是，再次播放电影，引导学生仔细观察当时的场面动作、神情，尝试把影片中的细节刻画一一转化为文字。

电影特写镜头为学生提供了较好的样例，在体验式的基础上展开创写活动，很好地形成了画面与文字互补。在此基础上，再去谈文本中的详略安排，孩子们较好地体会到文本的详略安排是有用意的，是为了突出核心人物皇帝，是为了体现文字变化的美。这一过程充分展现了学生自我发展的空间，教学就呈现了动态生成的态势，同时更能诱发学生的兴趣，成功实现吸纳倾吐到迁移的过程。

"工欲善其事，必先利其器。"写作教学中，"器"当是作文知识、技能，但不是什么知识、方法都可以成为学生的"利器"。只有有利于学生写作的知识与方法,也就是学生学习优秀范例后而发展出的修改、再练习能力,这才是这一阶段学生言语发展的利器。"评中得法",不是让学生"依葫芦画瓢"去模仿,而是让学生"八仙过海,各显神通"去创造;不是中规中矩地去模仿,而是想方设法去发挥创造力;不是百川归一,而是百舸争流。从"仿"到"创",这是"样例学习"的重要特点,也是"样例学习"的终极目标。

走到此处,又是一段新的旅程。开头说,人生如逆旅,诸多的人和事,都会留下痕迹。但或许,人生又不如逆旅,或干脆说,我不许我的人生如逆旅。我应该走出去,而非等待。去寻找,而非遇见。坐看白驹过隙,不如策马扬鞭。人生当以奔跑的姿态去看,去体验,去行动。诚然,许许多多的人和事都留不住。但有价值的,我绝不会"袖手旁观"。

最后,特别感谢周老师这五周以来的悉心教导。周老师能在百忙之中抽出时间,能在千丝万缕中条分缕析,实为我们新老师的楷模。我们绝不能停下学习的脚步,要不断反思,扎实沉潜,而今天,则是一个最完美的开始。愿我和所有的学员一样,以此机会,勇攀高峰!

(顺德区青云初级中学　李得魁)

成长，在起、承、转、合中绽放

起：语文老师 VS 语文人

屈子曰："路漫漫其修远兮，吾将上下而求索。"对于教师这个职业，我一直像个"门外汉"，很多时候我是摸不着"道"的，我也从不去强求要成为"行内人"，因为在我的印象中对老师最"高大上"的解释无非就是《师说》中说的："师者，所以传道授业解惑也。"但更多时候听到的是"老师不过是照本宣科地灌输考试内容的'穷屌丝'"。每当别人问起我的职业时，我都是带着心虚而又自卑的心情说"我是个语文老师"，别人也意味深长地重复那句套话"老师啊？语文老师！好啊，当语文老师挺好的！"每每听到这样带有安慰性质的话，我都是浅浅一笑，默默点头，但心里却在默念："语文老师？"一丝苦涩不知为何涌上心头，道不明，说不清。

可能每个疑惑都有破解的时机，而"语文老师"之于我的困惑，在这阴雨绵绵的春天终于"拨云见日"。在周老师的第一次讲座中，周老师提出了"语文教师的终极追问"，我对这个终极追问其实不是很感兴趣，但是周老师的总结却在我的心里泛起了阵阵涟漪。"教师是一个职业，但教师成为一个职业的前提是教师首先是一个人，我们要明确自己的职业角色，平衡好自己与家庭、朋友之间的关系。""教师不是一个'悲壮'的人，教育不能成为一个'悲壮'的职业。""我们不能仅仅停留在传授知识的浅层次上，我们应该要努力成为一个有情怀的语

文人。"

语文老师？是的，我是一名语文老师。作为一名普通的语文老师，我在日常教学中重视的是，如何让学生在每一次考试中考出好成绩，我感兴趣的是，每次考试都会考些什么内容，我如何通过有效的训练使学生的成绩在短期内最大限度地提高。或许，这是很多人所说的急功近利，但也无可厚非。其实，每个人都会希望在最短的时间内达到最佳的效果。不是吗？如果以成绩论英雄，我充其量算是半个及格的语文老师。但我是一个语文人吗？不是。之前，"语文人"这个概念都未曾在我的脑海闪过，我的语文世界贫瘠得如同一个荒漠，我根本就没有想过语文老师原来还可以对自己有如此更高的要求，如同信仰一样。我茅塞顿开，豁然开朗。

从今天开始，我也要开启我对"语文人"的朝圣之旅。

承：思考 VS 觉悟

周老师的第一次讲座让我对"语文老师"进行了重新定义，也让我重新审视自己的职业定位。我开始思考周老师在讲座中传递给我们的一个意识，即我们找到自己正确的人生方向了吗？

走进校园的人并不是每一个人都适合当老师，更不是每一个在校园中工作的人都适合做语文老师。当我在选择这个职业的时候，我是否已经想清楚自己适合当语文老师？我是不是热爱这个职业？我有没有勇气坚持投入这个职业？我有没有足够的智慧面对这个职业中可能出现的困难？正如我们中学语文班的老师最初是39个人，而培训不久就已经有两位老师另谋高就了。正如现在不少学校也有老师离职去创业了，而我呢？我很迷惘。

但周老师在坚守，面对着外界形形色色的诱惑，他坚守着语文教师的那一份为师的热情；他在投入，面对着纷繁复杂的教学形势，他淡定从容地投入到课堂的教学中；他在思考，面对新兴科技与传统教学的碰撞,他乐此不疲地思考着兼容之道;他在创新,面对着激烈竞争与高效教学的要求,他推陈出新地进行着思辨之行。他用最朴实的行动告诉我们,既然选择当一名语文老师,应该要坚定心志,明确职业发展方向,锲而不舍地追求;应该耐得住"为师"的寂寞;应该要经得起"为师"的考验;更应该担起"为师"的责任,在三尺讲台上发光发热。在漫长的教育教学之路上,要学会沉淀,学会执着,享受快乐,不轻言放弃。只有这样才能真正找到"为师"的职业尊严。

转:有用 VS 无用

坚定心志,别让自己成为一个半途而废的语文老师。这似乎仅仅是我们在教学中的起步。怎样才能在自己的教学生涯中走得更好,行得更顺?周老师在讲座中多次提及读书,并专门开设了一个专题,从读书的"高度、广度和深度"上向我们阐释了什么是"有意义的阅读",也指导了我们怎样"悦赏读书之美"。他希望我们建构属于自己的系统的、具有前瞻性的、经典的、穿越生命的阅读体系。当周老师一页一页地翻开他的读书履历时,我们便一次又一次地接受着心灵的洗礼。在讲座中,他还鼓励我们多读一些"无用"之书,诸如文、史、哲、美、艺、建筑等多方面的书籍。他告诉我们,"无用乃大用"。周老师读书涉猎之广,让我们感到难以置信,他的大脑似乎就是一个图书馆。

可回头细想,所谓的"无用"之书,真的就是在做"无用功"吗?不是的。

首先,时代在迅猛发展,知识增长呈几何级上升,面对知识的汹涌潮流,必须不断更新自己的知识体系;其次,我们面对的学生是在互联网中长大的孩子,他们的信息咨询能力强,知识结构丰富,思维灵敏;最后,这是一个讲究知识融通,彰显创造力的时代,广泛涉猎,能给自己带来不一样的知识体验,拓宽知识视野,激活创造灵感。一句话,让自己的知识体系更完善,知识关联更密切,知识融通更自然,知识创造

更有力量。

作为一名语文老师,我们对美要有独特的鉴赏力,对事要有独到的判断力,对情要有独特的感受力。这些能力从何而来?非读书无以至此。阅读不同类型的书籍能令我们从书中不断汲取营养成分,从而提高自身的审美鉴赏能力,丰富自身的想象创造能力,培养自身较强的审美感知能力,提升自身的思维能力。这些能力的提炼,能更有效地引导学生领略书籍的艺术形式之美、生活内容之美、古今中外思维撞击之美。所谓的"无用"之书,其实大有用途,离开这些"无用"之书,而只看专业书籍,阅读视野变得局促,即使是"有用"之书,亦显捉襟见肘。

合:舍 VS 得

我们"读万卷书,行万里路",但却不能教千种方,在教学过程中要"学会取舍"。这是周老师讲座中又一鲜明的主题。正所谓"有舍才有得",作为老师,我们似乎想把涉及的知识点都教给学生,不管它是多么细小的一个点,也不愿意"忍痛割爱",并且希望学生都能记住,都能掌握。难道我们真的不愿"舍",学生就会有所"得"吗?其实不然。当我们没有抓住知识的核心时,其实就是妨碍了学生的"得"。

在"语文课堂教学的思辨艺术"的讲座中,周老师条理清晰地告诉我们在教学过程中如何取舍——增补删减。教学过程中我们可以增加作者的思想和写作背景,以便学生更好地走进文本;我们可以增加与教学内容相关的知识链接,以便学生更全面地理解内容;我们可以增加一些阅读的积累与心得,以便学生更贴切地融入情感;对于一些多余的手段和形式,如教学过程中仅仅是为了热闹的场面而设置的、不用讨论就能归纳答案的小组合作形式,我们可以毫不犹豫地删减;对于散乱的教学目标和赘余的教学内容,我们也应该学会毫不留情地删减,不要为了看起来的"饱满"而不舍得删减。而要做到增删有度,我们就要学会将文本内容内化、融合形成有内涵、有个性的知识链条，而不能让一些影响目标、影响学习、可有可无、有害无益的内容保留下来，混淆视听。当然，说来容易，真正要掌握好"增删"的"度"，还需要在教学中不断历练。周老师的讲座让我明白了"取"的意义和价值，更重要的是，让我明白如何在教学设计中，做到"增补删减"适度，让教学真正成为一种艺术的享受。

　　时光荏苒，培训即将结束，我的所思、所感、所得必然要感谢无私奉献的指导老师——周小华老师。培训中，我的每一点的启悟、每一步成长都要感恩周老师的辛勤付出。最后，套用周老师的教学信念：真正的教学是生命的完善，心灵的洗礼，灵魂的感化。以此共勉！

（顺德区桂凤初级中学　柯理静）

"内外"兼修，勿忘初心

2017年3月24日，来自于顺德各中学44名语文新教师汇聚于杏坛中学，参加了由顺德区教育局主办、顺德区教师培训中心承办的"2016—2017年顺德区中学语文新教师课堂教学技能培训"。此次培训由杏坛中学副校长周小华老师负责。

培训伊始，我本以为又是千篇一律的理论堆砌、自我吹捧，遂决定远远地躲在后面"自成一统""管他春夏与秋冬"。但周老师温文尔雅的气度、丰富渊博的学识、不缓不急的语调很快吸引了我。周老师没有沿袭传统培训的长篇大论，而是以身传言教的方式去引导我们如何成就"专业的自我"，为我们规划好未来五至十年的职业道路，为亟待成长的新教师展示了一个辽阔的、充满可能性的语文教育世界。在周老师的课堂上，我不仅学到了观课的"秘密武器"，更体会到了"内蕴"两字的深刻含义。"胸藏文墨怀若谷，腹有诗书气自华"，也应是对周老师本人的最好诠释了。周老师教会我们一堂好课的背后要有深厚的文化底蕴，要有广阔的教育视野。一位将教育事业视作毕生追求的语文教师，只有勿忘初心，才能在讲台上找到属于自己的位置。

内秀：但得爱书人似我，最是书香能致远

"但得爱书人似我"，是浙江语文名师蔡朝阳的读书之悟，周老师借此来告诫我们。要想成为一名专业的语文教师，首先要先成为一个有深厚底蕴的人，要拥有像陈寅恪先生那样的独立精神、自由思想，要像

博尔赫斯一样孜孜不倦地去追求知识，要像叶嘉莹等国学大家那样永葆青春活力。

为什么会有这样的期盼呢？这与缺乏思辨、易于从众、随波逐流的阅读现状密不可分，学而不思则罔，不分好坏一味吸收，往往导致对经典的误解，以讹传讹，一代一代误解下去，以致误人子弟。年轻老师应带着批判与情怀去阅读，去伪存真，丰富自我，成为一名真正的思考者、怀疑者、批评者，以此唤起学生对知识的尊重，赢取阅读的获得感。

"读书患不多，思义患不明。"每一位老师都要逐步建构属于自己的阅读体系，开卷并非都"有益"，只有系统的、经典的、具有前瞻性且穿越生命的书系，才值得我们花费精力去阅读。学生的学习任务繁忙，他们没有大量时间去遨游书海，因此老师推荐的阅读书目至关重要。老师推荐给学生的每一本书，都务必自己亲自阅读，有自己独特的阅读感悟。因为老师只有亲自阅读，才能挑选出适合学生、能让学生产生共鸣、从"阅读"走向"悦读"的书籍，才能在阅读后的交流分享中碰撞出思想的火花，产生灵魂的激荡。

"一千个读者就有一千个哈姆雷特。"每个人的人生经历不同，阅读产生的感悟也会不同。在阅读过程中我们应该激发学生的"代入感"，将文本与人生联系起来，构架读者与作者的心灵桥梁，跨越时空，面对面、心碰心地交流。正如周老师所言，文学是灵魂的舞蹈，是生命的传奇，每一段不朽文字的背后都有一段独特的生命体验。饱尝人世冷暖却不失赤子之心的孔子如此，历尽人生坎坷却依旧乐观豁达的苏轼亦如此，体悟文字背后的人生经历、生命体验，这才是教学的重中之重。

在上培训课之前，我用班费购置了一个小书柜，积极动员学生捐书，希望能在班上掀起一股阅读潮流。然而雷声大雨点小，积极响应的同学并不多，并且很多同学在看《三国演义》的时候，偷偷在下面隐藏一本《龙珠》或《斗罗大陆》。培训之后，我更意识到老师推荐书目的重要性，也深感自身阅读视野的狭窄。痛定思痛，我也给自己定了个小目标,希望自己能像周老师一样,在阅读之旅上永不停歇,让书香浸润灵魂,传递阅读之火,点亮迷茫之心,"悦"读书籍,"悦"享人生。

外修:纸上得来终觉浅,绝知此事要躬行

王夫之曰:"力行而后之知真。"对一名合格的语文教师而言,深厚的文化底蕴是基础,是内功;强大的教育理念、技术方法就是盔甲,是外在保障。只有内外兼修,方能打通"任督二脉",取得真经,渡得修为。

作为老师,一定要有驾驭课堂的能力。驾驭课堂,并不代表要去压制学生,而是在"尊重思维起点"的基础上,去积极启发学生。我们在教育教学时经常会存在一个误区,不"尊重思维起点",喜用演绎法而少用归纳法。从教学目标开始,直接将答案灌输给学生,进行填鸭式的教育。针对此现状,周老师传授给我们高效课堂的密码:"不愤不启,不悱不发,举一隅不以三隅反,则不复也。"他从教育内容、教育契机、教育策略、教育成效四方面告诉大家学会尊重学生的思维起点,让学生学会思考比获知答案更重要,因为教育真正培养的是思辨力,而不是知识本身。

"操千曲而后晓声,观千剑而后识器。"作为一名语文老师,基本功至关重要,它是老师的基础曲目、基本武器。作为老师,在学生面前要勇于亮"剑",要敢于当众诵读,敢于挥毫洒墨,敢于彰显自我。语言必须做到"得体""精准""干净""清晰"。这看似简单的要求对大部分老师而言却不啻于一场挑战,特别是像我这样张嘴就是"口头禅"的,在无形中对学生造成的"杀伤力"可想而知。除了要有得体的"语言力"之外,拥有"写作力"也尤为重要。你给学生布置一篇作文,却只敢给学生看网上所谓的"范文",不敢接受挑战,应试而作,这不仅是语文基本素养的缺乏,更是对教育教学的一种伤害。语文学科是我们的母语学科,以发展提升思维力、鉴赏创造审美力、传承理解文

化力为宗旨，我们要引导学生进入美的境界，自身首先就要拥有一双识别美的眼睛。

"见贤思齐焉，见不贤而内自省也。"没有人生来就会教学。我们必须在不断地观课磨课中得以成长，形成自己的风格。周老师告诉我们，只有在观课过程中，不断地"思齐"，善比较，多思考，从他人的课堂中汲取精华，才能更好地"自省"，成就为专业的自我。而观课的关键是看老师是否有效传授知识，学生是否得到发展。这也是课堂的使命——不断让学生"增值"，调动他们学习的动力，教会他们学习的方法，丈量其在课堂的获取容量，让其学以致用，学而时"习"之。作为老师，除了要"人在课中，课在人中"，做到胸有成竹，融会贯通，更要"人如其课，课如其人"，形成自己的独特风格。

在周老师的安排下，我们有幸见识了一场"华山论剑"：来自富安中学的叶伊娃老师和来自梁銶琚中学的林祎敏老师就《陋室铭》一文开展同课异构，风格各异，精彩纷呈。学员何扬景戏称叶伊娃老师有如"王熙凤"，气场全开，掌控全场，她重朗读，重合作，重基础，采用课前预测、朗读教学、小组合作、字词回溯等方法，利用文本、板书、多媒体（PPT、音频）等多种资源，"温故"而"知新"，在轻松活泼的氛围中寓教于乐。叶老师明朗、活泼的魅力给我留下了深刻的印象，她面带微笑，活力四射，让人深受感染。只可惜其课堂容量较小，对于文言语法、文本的挖掘也不够，忽略了古文本身的韵味与美感。

林祎敏老师的课堂教学较有层次感，她以讲授为主，采用知人论世，由人入文的方法，创设情境，补充拓展。林老师仪表端庄，举止从容，颇有古典之风，在和风细雨之中将刘禹锡的生平娓娓道来，即便是借班上课，依然能保持较为完整的内容结构。尤其是后面"做一回刘禹锡"的情景设置更是将课堂推入高潮，让学生兴致盎然地参与其中，加深了对文本的情感理解。但其课堂稍显沉闷，没有利用小组合作探究的方式，相比之下，学生的积极性稍有欠缺。总之，两位老师的课堂都非常精彩，让人受益匪浅，既让我借鉴了众多上课技巧，也从中认识到自己的不足。

　　培训虽已告一段落,但从中汲取的收获感悟是不会消失的。在接下来的日子里,我希望自己能谨遵周老师的教诲,多读书,读好书,不断提升自己的精神气质,"见贤思齐,见不贤而内自省也。"在实践与批判反思中不断成长,早日成为一名专业的、具有思辨力的语文教师。

(顺德区罗定邦中学　易美丽)

作为语文教师的"道"与"术"

充实而宝贵的五次教师培训，周小华老师以其丰富的学养和学识，旁征博引，侃侃而谈。一支笔，一瓶水，一张嘴，却让我这个在教坛跌跌撞撞了半年多的"菜鸟"，有"拨开云雾见青天"的快感。感悟之多，难以言尽，略取碎言，见笑于大方之家。

语文是什么：一位语文老师的终极追问

这次培训，印象最深刻的是周老师在第一堂课上提出的哲学终极追问——我是谁？我从哪里来？我要到哪里去？

"我是谁？"是对自我的认知。人最难得的是认识自己，但没有人会停止对这一本原问题的探寻。失去了自我，生存便失去了方向和意义。对于学科的认识，同样如此。这让我想到了每次接手新班级时，都会在开学第一课与同学们探讨的一个问题——语文是什么？学生的答案五花八门：语文是我们说出来的一句一句的话；语文是文字；语文是文学……这些答案看起来都对，但又好像都不对。语文究竟是什么？这与周老师提出的终极追问"我是谁"一样，是一个认识自我的难题。诚如王尚文先生在其《走进语文教学之门》一书中所言："自清末民初废科举、办学堂以来，基础教育的课程诸如数学、物理、化学、生物、体育、音乐、图画或称'美术'等等，教什么、学什么，界限都十分明确，几乎从来没有过什么大的争议。唯独'语文是什么'至今仍是一个有待解决的问题。"语文，或许同"美"一样，也是难的。的确，绚丽多彩的语文学科当然无法用简单的几句话就阐述清楚，但我们依然可以找到属于这个学科特有的气质。

实际上，这个问题归根究底就是语文课上，学生要学什么，老师要教什么的问题；是学生要怎样学，老师要怎样教的问题。

这就不得不提到语文素养。在课堂上，周老师提出学习语文要为学生建构四大系统：语言系统、思维系统、逻辑系统、美学系统。在我看来，这四大系统，实际上是从学生的具体语言能力、思考应用能力、对生活的感知能力等三个方面阐述了语文对学生素养培育的关键点。四大系统、三大能力，层层推进，从具体应用到情感体验，帮助学生获得生存的能力，进而享受生活。我想，教会学生懂得生活、享受生活，也应该是语文学科的魅力所在。

正如于漪老师所说，语文教学就是要通过传授语文知识、培养语文能力从而实现学生的全面发展。知识和能力是一个非常重要的支柱，这是反映我们学科特点的，是语文学科的基本任务，且应该与时俱进。我们的教学，应以学生的需求和发展为基础，比起分数，能够完善生命，触动心灵，感化灵魂，才是语文更高级的追求。

优雅地行走：一位语文老师的生命意识

优雅地行走，实际上也就是语文老师要拿什么来教给学生的问题。要培养学生懂得生活、享受生活的能力，那么老师应该首先成为一个懂得生活的人。我想，这也是周老师在课堂上一直强调要优雅地行走的要义。

"优雅"是一种姿态，一种因为饱读诗书而生发的儒雅；一种通透生命要义之后的包容与理解；一种看惯云卷云舒之后的淡定与从容。"行走"，则是一种状态，一种用脚步丈量生命的积极进取的状态。宁静而不颓废，从容而不消沉。优雅地行走，告诉我们，作为一个语文老师，应该以一种看透生命的残酷之后依然热爱生命的力量，完成对自我的修炼。以身作则,以自我对生命的感悟,以自我的人格魅力向学生展示生命的含义与价值。

文学,即人学。不管我们是谁,无论我们来自何处,诚如苏东坡在《赤壁赋》中所言,这世间能够永恒的,不过是那江与月,是那万古长青的大自然。人类不过是沧海一粟,在时间的长河里,最终会化为乌有。但只要存在过,我们在那个时间域中也能活成一种永恒。

因此,哪怕人生短暂,哪怕微不足道,我们亦不能如魏晋文人般"一死生""齐彭殇"。就像周老师在课堂上所说的:你的未来,就在地平线延伸的地方。我们的人生,要有希望,要活出价值。而作为语文老师,最大的价值就是让学生越来越爱上生活,诗意地生活,诗意地追寻。

有意义的阅读:作为语文老师的生命之源

语文老师的专业特色来自哪里?语文老师如何才能优雅地行走?这一系列问题,答案不过两个字——阅读。

阅读,是一个语文老师的生命。

如今,是一个阅读的大好时代。大到国家,小到学校,到家庭,越来越多的人意识到阅读的重要性。国家颁布政令,提倡阅读;学校规定时间,强调阅读;甚至家长也主动监督孩子的阅读。阅读仿佛一夜之间刮起的一股春风,刮遍大江南北。

但我们也不得不承认,这是一个阅读的坏时代。网络的充斥,各种知识如大爆炸般涌现,应接不暇。看似自由、多样的选择,实质上却成为一种对阅读的禁锢和消解;日渐便利的快节奏生活,也使之成为一种碎片化、走马观花式的阅读。这种阅读带来的结果必然是思考的缺乏。没有思考的阅读,不过是在消磨时光,称不上真正的阅读。

那作为一个语文老师,应如何阅读呢?周老师提出的两点非常有价值:①建构属于自己的阅读体系;②多读无用之书。就第一点而言,建构属于自己的体系，看似容易，实际上却要求甚高：首先，我们要对自己的需求有清醒的认识，明白自己需要哪些知识，并能对这些知识分出主次；其次，我们应具有对各类知识进行归纳、总结的能力，能够分门别类地设置阅读体系中的基础部分、主干部分及精华部分；最后，最重要的是需要我们善于思考，能够将体系中的各种信息融会贯通。只有经过了自主思考而形成的体系，才是属于自己的体系。

而第二点，倡导多读无用之书。实际上是对庄子的"无用之用是为大用"观点的最好阐释。阅读，关乎心灵与精神。阅读是一种合目的性、无目的性的行为。首先，阅读，当然要有目的。在选择书本时，当然要求它是有用的，是对我们有所帮助的，不是那些用来消磨时间甚至浪费时间的"闲书"。那么，"无用"又当如何理解？我想，无用指的是阅读时的无功利性。这些"无用之书"，可能不能带来功名利禄；不能给你具体的方法或技巧；甚至可能与你的专业无关。但只要它能与你产生灵魂的碰撞，能让你获得一丝宁静与满足，即为书之"大用"。我们必须谨记，阅读从来不是一种功利的行为，真正的阅读，是把自我放空之后的冷静沉思。

结语：作为语文老师的"道"与"术"

培训过程中，周老师一直在从"道"与"术"的角度向我们阐述作为语文老师的素养。

"道"，道家所谓"不能道"之世界万物的本原，我们大可把它看成是让万物之所以为万物的本质。具体到语文教学，大概也就是指导具体教学实践之理念、规律等。"术"，则是技艺，技巧。毋庸置疑，在语文教学中，妥善处理好二者间的关系，是非常重要的。

"道不明，则术不良。"不明道，术将失去生命之源；无良术，道亦是华而不实的空中楼阁。

"明道"就是要在"明灭可见"之间察语文之学科性质，明语文之育人价值，究语文之教育规律，探语文之教学方略。"明道"是一个在具体的语文教学实践中探求教学艺术以行道、悟道的过程。正如周老师所言，一个成熟的语文教师，不仅是一个实践者，同时也应是一个思想者、一个"知行合一"的求道者。

我想，于我而言，目前最重要的，是学会通过"道"的指引让自己的教学之"术"成为一种"艺术"。真正坚持"明语文之道、优教学之术"。正如于漪老师所说，一个老师"不认真教学，永远不可能总结出有价值的教学经验；不认真求知，也永远不可能体验到求知的艰辛与欢乐。"

作为一个新教师，教育之路才刚起步，我们还有许多知识要学习，还有很多经验要积累，还有很多技巧要钻研，但最重要的是，我们不能忘却作为语文老师的精神，不能失掉语文老师的气质。以"道"促"术"，从"术"中总结、印证"道"，以成为一名真正的"语文人"。

（顺德区龙江中学　曹婷如）

精神食粮伴终生,踏石留印学留痕

2017年4月19日,惠风和畅,气清景明。这是平凡的一天,对我而言却并不平凡。因为顺德区2017年语文新教师专业培训在今天圆满结束了。短暂的5次相聚,给我留下了特别美好的回忆。坐在公交车返回自己学校的路上,我掏出手机,在朋友圈写下这么一段话:"铭记人生短暂交集,定格时空旅行一刻,带上精神食粮告别。"同时,我写下了培训学习中最深的感触。

痴迷阅读:但得爱书人似我

那天,当荧幕上呈现这个题目时,我觉得机缘巧合。因为就在这前两天,我写了一篇关于阅读的小杂文,并与我的学生分享,希望他们能爱上阅读。这堂课,我觉得周老师会给我们带来不一样的东西。事实也的确如此,我如痴如醉沉浸在这堂课中,渴望时间永远停留在这一刻。课后我写下了一段感言,其中有一句我是这样写的:"周老师今天给我们带来的精神'喜'礼让我产生了强烈的共鸣感。"

阅读有多重要?学者汪军先生说:"大抵上人生同时朝两个方向行进,且并行不悖,一是欲望和业力牵引的,走向老年及肉身的毁坏;二是心灵牵引的,走向童年及初心的苏醒。"我觉得,后者就是阅读所能引领的。多阅读,自然胸有丘壑,可以开阔眼界,沉淀思想,提升涵养和气质,让灵魂充满香气。

我们平时可以约两三好友,一起阅读。当读到令自己兴奋、感动或是悲伤、苦闷的句子时可以与好友分享、讨论。分享阅读，不仅可以分享自己对书中人物的见解和看法，还可以分享自己阅读时的真情实感。在倾听与分享中相互学习，碰撞出思想的火花。分享阅读不应仅限于同学之间，师生之间、老师之间也可以分享阅读。当阅读不拘于时、不拘于地、不拘于人时，书香的味道才能更浓，更广，更持久。我们应该多读对自己有所启发有价值的经典书籍。

读《论语》，你将拥有一颗平和的心，与人交往讲礼貌、重和气，追求的是一份教养和修养，希望世间平和有礼，唯愿做一个如山的仁者。于是《论语》可能是助你通往君子的路。

读《庄子》，你将发现自己也有无拘无束的个性，希望挣脱内心和世间的羁绊，自在于天地之间，把活着当作一场旅行，来了又走了，只是如此而不必有丝毫痕迹。于是，《庄子》可能是助你通往真实的路。

每读一本经典，我们就像在与一个高人对话，接受精神洗礼。当一个人腹有诗书、胸有成竹时，就不会去羡慕别人的生活，便会懂得"你站在桥上看风景，看风景的人在楼上看你"的深意。在我看来，阅读不应该是为了彰显名气，显露才华，而应该是生命过程中不可或缺的、十分惬意的精神状态。我们很难追求"万般皆下品，唯有读书高""为中华之崛起而读书"等高大上的阅读。我觉得真正的阅读应该是发自内心的喜欢。换句话说，阅读能使人喜悦，分享便是传递喜悦。

专业能手：术业专攻我胜人

"闻道有先后，术业有专攻。"语文教师如何站稳三尺讲台，改变自己在其他科任教师心中"老古董""老学究"的刻板印象，颠覆自己在其他科任教师心中"我懂的你不懂，你懂的我也懂"的形象，这是值得所有语文教师思考的问题。教师须成为一个有专业素养的人，在语文专业方面，至少要让人觉得"术业专攻我胜人"。这就需要不断修炼，不断成长。

正如周老师与我们分享的那样，一个语文老师，首先要有广阔的视野，能上知天文，下知地理，博古通今。无论是人文知识还是科学知识，无论是技术知识还是理论知识都能通晓一二。能达到这种境界就不会让人觉得我们是"老古董""老学究"，相反，别人会觉得这样的语文老师才华横溢，不容小觑。而要达到这种境界并不容易，但我们可以不断努力去靠近它。只有视野开阔了，我们想问题、做事情效率才会更高。除此之外，作为语文老师，拥有深厚的底蕴是我们孜孜以求的。深厚的底蕴来自于日积月累，具体表现为我们在说话、写文章时能否表现出独特的见解力和创造力。内在的品质是基础，外在的表现也不容忽视。评价一个人，谈吐很重要。谈吐不仅能够体现一个人的语言力（是否得体、精准、干净、清晰），更能体现一个人的情趣（阳光、亲和、幽默），更深层次而言，谈吐还可以看出一个人的修为（优雅、责任）。一个语文老师做到谈吐不凡，也就成功了一半。

当然，作为组织课堂的"领袖"，课堂的驾驭能力也显得尤为重要。能做到节奏把控有效，课堂组织有序，问题意识有度，智慧应对有招则非常重要。作为新教师，显然要做到这一点不容易。但每上一节课，我们课前树立问题意识，上课时不断调整自己，课后不断总结反思并不断进步。当然，语文老师最主要的两大能力是阅读能力与写作能力。阅读与写作之于老师就像翅膀之于鸟儿，只有翅膀长的足够坚硬了，鸟儿才能飞得更加高远。如周老师所讲，要"一览众山小"，我们就必须"山登绝顶"，即有一定的理论力和统整力。显然，这个能力和要求很高，但只要我们不懈努力奋斗，不断地靠近它，就能真正成为那个"术业专攻我胜人"的人。

特立独行：切莫成为他人影

培训过程中，周老师多次提到的"不要成为别人的影子"。我对此印象深刻。周老师说我们可以去听师傅以及经验丰富的老师的课，但不要刻意去模仿他们。模仿得越像，最终只能成为被模仿者的复制品，成为他的影子。我们可以去听不同老师的课，但不能完全照搬照抄，应该学会"见贤思齐,见不贤而内自省也"。也就是说,可以借鉴别人的长处或吸收别人的经验,但这一切都应该建立在有自己的思考与想法的基础之上。我非常赞同周老师的观点,也把它作为我的人生信条之一。因为每一个人来到这个世界上都是独一无二的,都有独一无二的个性、思想。如果强行去模仿他人就会成为他人的影子,从而丧失自己的个性。正如陈寅恪所言:"独立之精神,自由之思想。"教师拥有独立的思考、独立的人格、自由的思想,才能培养有独立精神、独立个性、独立思想的学生。

持己纳人:学会批判与包容

一个有着独立思想的人,须要具备批判性思维。敢于质疑和勇于批判是一种独立、理性的姿态。一个人应该有"吾爱吾师,吾更爱真理"的勇气和态度。面对世界,我们要敢于质问为什么,面对知识,面对教学,敢于提出自己的看法。我想一个真正的语文老师要有独创性。他不应只是知识的传授者或复述者,而应该是知识的拓展者和创新者。具备了批判性思维,才可能做到能讲别人不能讲的东西,能讲别人没讲过的东西,能讲触动学生灵魂的东西。当然,我们的批判并非全盘否定,而是学会去伪存真。我们发现,越是深刻的东西,往往越是尖锐,因为它经历了批判性思维的洗礼。面对不同的声音,不同的观点,我们需要学会包容,因为有不同的声音,才会有世界的丰富多彩,才会有思想的百家争鸣、火花四溅。

说到此,我还要再次强调独立精神对一个人的重要性,这也是我为什么把"精神食粮伴终生"作为本文标题的原因。当然,我还把"踏石留印学留痕"作为标题的另一半,意在说明再好的理念、思想,只有付诸行动才有意义。正如陆游所言:"纸上得来终觉浅,绝知此事要躬行。"愿以此语鞭策自己,砥砺前行。

(顺德区郑裕彤中学 何扬景)

纸上得来未尝浅，亦知教育要躬行

"桃月伊始槐月毕，却道是缘不是离。"虽然只是我的浅薄之作，但这或许是我结束了培训之后的最大感受吧。短暂五周的培训使我们相聚一起，今当别离，并非结束，而为全新启程。我们相信：正如雏鹰学高飞，终会翱翔于天空。

初见周小华老师，似乎便有一种相知相识之感。曾记得董卿谈"遇见"："蒹葭苍苍，白露为霜，所谓伊人，在水一方。"这是撩动心弦的遇见；"这位妹妹，我曾经见过。"这是宝玉和黛玉之间，初见面时欢喜的遇见；"幸会，今晚你好吗？"这是《罗马假日》里，安妮公主糊里糊涂的遇见；"遇到你之前，我没有想过结婚；遇到你之后，我结婚没有想过和别的人。"这是钱钟书和杨绛之间，决定一生的遇见。而我想，我们44位新"学生"与周老师的遇见，也仿佛是一种神奇的安排，它是一切的开始，能够让我们彼此之间感受到更多的美好，关乎读书，关乎教育，关乎未来……

仍记得开课之初，周老师便对我们提出了要求：要有自己的职业生涯规划！而其中有一项便是读书。我们都发现周老师对读书非常痴迷，讲课期间，话题之所及，总能为我们推荐几本精彩的书籍。周老师的课堂总会给我一种大学教授讲课的感觉，或许，就是那种信手拈来、引经据典、谈古论今的风雅从容的形象吧。儒雅的形象下包裹着一颗对学术极其认真严谨的心。周老师在培训之初就一针见血地指出课堂上师生互动教学中的误区，让每位新老师意识到：教学中最重要的是"尊重思维起点"，多用归纳法而少用演绎法。我们应该要成为一位会自我反思、会独立思考的老师。

莫言曾说过:"当你的才华还撑不起你的野心的时候,你就应该静下心来学习。当你的能力还驾驭不了你的目标时,就应该沉下心来历练。"很多时候,作为语文老师,要教给学生的知识多且广,我们不必掩饰自己知识的短板,而要大方地承认自己的"无知",并不断学习,充实自己,提升自己。

在周老师推荐的书目中,我阅读了肖川的《教育的理想与信念》,很惊喜地发现,它并不如平常的教育学理论书籍那样枯燥地说教,文字很美。第一章《与经典为友》便引领我们从语言的背后去领略经典的韵味,去感受教育的人文情怀。在纷繁复杂的世界里,教育能否建起一道无形的篱笆,保持一种率真的勇气和向善的本性,这并不是简单地通过说教就可以实现的。因此,关心"人"的成长即为一种教育情怀。

记得文中有一段非常精彩的话:"假使我们过着多彩多姿的生活,那必定是教育使我们意识到生活的意义;假使我们过着合群的生活,那是教育使我们在早年认识这一需要,且在我们的心田种植了种子;假如我们很安详地生活着,那是教育使我们认识到精神上的和谐是人生最重要的。但假使我们内心不安宁,那是教育中忽略了感情的生长及适应新环境的能力;假如我们对多彩多姿的生活世界感到乏味,那是教育没能在我们的内心开拓理智的以及精神的反应,而这些反应是欣赏万变的生活所必需的;假如我们过着自私的生活,那亦是教育忽略教授合群生活中最基本的要素——即了解别人的需要;假如我们不认为在一个民主的社会中,个人是最珍贵的,而不论其种族、肤色和血统,那么,教育最基本的一点便已失败了。"

因此,在我看来,良好的教育一定要致力于引领学生用自己的眼睛去观察,用自己的心灵去感悟,用自己的头脑去判别,用自己的语言去表达。我认为,真正专业的老师不仅自己会学习、会思考,还须让学生会倾听、会思考、会表达。对于这方面,我感触深刻。高中时期,恩师们的循循善诱,在我心里播下了一颗自主学习的种子。他们告诉我,学习之路终须要自己走，老师只是在分岔路口上的一个路牌，该通向哪里，该用什么方式前往，都应该是自己独立完成的。而今，我也走上了讲坛，我亦会把这种思想传递下去，坚持自己的教育理念，一路前行！

很可惜的是，由于时间的冲突，我没能够参加第二次培训。于是，私下问了一下身边的同学，他们展示了那节课的笔记给我看，这着实让我感到遗憾。后来，看到了第二小组同学的通讯稿，才得以慰藉。"但得爱书人似我——阅享读书之美"，爱书之人会认为书是精神食粮，阅读会让我们感到自由，自由的状态下才有思想的绽放、浸润的美感。

而在笔记中，我看到了关于教师的终极追问：我凭什么征服学生？这个问题我也思考良久。我认为，首先，新老师有年龄优势，更容易贴近学生，理解他们的想法，更容易相互接纳，更容易"征服"学生。其次，学生更容易对我们产生崇拜感，他们会认为年纪大的老师理所当然要懂得更多，对于我们，他们会给予更多的宽容，心理预期会相对低一些。这是心理层面上的优势。

而我认为这些都只是先天条件，真正起决定性作用的是老师的知识底蕴。如何增强知识底蕴？需要我们不断地阅读、学习！

借此机会，我认真反思，发现自己以工作忙碌、没时间阅读为由，缩减了很多阅读的时间。大学时，平均每年阅读10本以上的书。现在细数一下，走上教学岗位以来，我仅读了3本书：林语堂的《苏东坡传》、梁衡的《把栏杆拍遍》以及岳建军主编的《古典诗歌鉴赏》，实在惭愧。值得庆幸的是，我并没有把写随笔的习惯丢掉，不时翻阅所思、所感，足以让我回味。

我对陆游《冬夜读书示子聿》中的"纸上得来终觉浅，绝知此事要躬行"，从书本上得到的知识终归是浅薄的，要真正理解书中的深刻道理，必须亲身去躬行实践，始终抱有质疑的态度。强调实践的重要性本无可厚非，然而，从书本上所获得的知识或道理，倘若是经过辩证的认识，经过深入的思考，也未必就是浅薄的。我们不能一味突出实践的意义，而忽视了阅读的价值。因此，我把它稍作改动："纸上得来未尝浅，亦知教育要躬行。"

接着上面来谈，我改动的下半句是"亦知教育要躬行"。在第四次培训中，我们有幸到富安中学听了叶伊娃老师与林祎敏老师的同课异构。通过第三次培训的观课理论学习，这次我们通过实践来运用。我深刻地记得周老师说过："观课的过程中，每一个环节我们都应该去思考：如果这节课是自己上，那么我又会如何处理？"是的，只有置身于自己思考，才会有最实在的进步。同一篇课文《陋室铭》，对于它的导入、知识点的讲解，以及课堂的学生活动，两位老师都做出不同的处理。叶伊娃老师的课堂从知识、能力、情感三维目标上完成对课文的讲解，利用小组合作的方式激发学生的思想碰撞，课堂气氛较为活跃，在最后"惟吾德馨"的讨论环节，更是对主题进行了升华，同时，结合实际，拉近了文本与学生生活的距离。而林祎敏老师是借班上课，客场作战的她，教态轻松自然，讲解环环相扣，利用情景教学法让学生走进陋室，感同身受，而最后的拓展环节"当一回刘禹锡"，更是把课堂气氛推到了高潮，学生们都积极主动进行角色扮演，这样一来，学生的情感体会也会更加深刻。每一堂课既有惊喜和收获，也有不足和遗憾，前者是我们前进的动力，后者是我们成长的空间。

当然，我也从中发现了一些问题，希望通过记录下来能够为日后的教学作个提醒。叶老师在导入环节中提出"何为铭？"的问题，而针对学生座右铭的回答，叶老师先问两位同学的座右铭是什么，我觉得这个课堂机智表现得相当出彩，但是在学生回答出自己的座右铭时，老师亦可作一下评价或是说出自己的座右铭，简单引导，更好地树立学生正确的人生观和价值观。此外，在升华主题的环节，叶老师的问题：在当今物质生活丰富、灯红酒绿的社会中，我们要如何看待作者"惟吾德馨"的态度？当我看到这个问题时，我的第一想法是初一的学生能够理解物质丰富、灯红酒绿这些词语的含义吗？我认为老师可以先对问题进行简单的解释，举出学生常见的生活例子，引导学生贴近生活思考，这样学生会对"惟吾德馨"会有更深刻的认识。总之，我发现两个问题：一是生硬地按照教学流程推进，不处理课堂生成的问题；二是老师设置的问题对学生来说存在理解误区，造成学生思考出现偏差。这也是我们教学过程中常常遇到的。多思善行，我们的课堂会日趋精彩。

"操千曲而后晓声，观千剑而后识器。"新教师免不了常去听其他老师的课，这当然是非常好的学习机会。周老师对于我们去听课还提出了一个要求：不能盲目地模仿其他老师的风格，否则我们永远只会成为别人的影子，而不会取得进步。的确，每个老师都有属于自己的教学风格，我们不能够复制粘贴，我们要做的是要从前人的经验中，探索出自己的路来。

洋洋洒洒地写下了三千多字，却仍觉得未能尽表心意。三月二十四日，是一个值得铭记的日子，我们有缘相聚在杏坛中学。

短短五天的交流学习，我们看到了很多老师不同的风采，每位老师都非常优秀，他们的发言，他们的思想都在告诉我，我何其有幸，遇上你们！小组内成员同心协力，完成了一个又一个的任务。显示器上不停闪烁的小组Q群头像，听课时随处可见的组长身影，讲台上敏怡的侃侃而谈，通讯稿中大家的踊跃发言，都是如此难以忘怀。

不管如何，培训圆满结束了，但正如我在开篇所说的"桃月伊始槐月毕，却道是缘不是离"。在教育之路上，我们一直前行，永不止步！

（顺德区均安中学　陈艳琪）

辑四　反思与前行

三分，足矣

"春色三分，二分尘土，一分流水。"学不来苏轼的洒脱与写意，却也在这三分里，描摹了属于我的春意。在这春愁满怀的日子里，偷得浮生半日闲，借培训之名，赴先生之"约"，赏阅读之美，颇感心得三分，二分收获，一分反思。

要么读书，要么旅行，身体和灵魂，总有一个要在路上——所以，当先生出示讲座主题"有意义的阅读——阅赏读书之美"，我已被吸引，除了对内容的期待，还有一种情怀的感念。

先生以"存在感"引入，用博尔赫斯的一句"我心里一直都在暗暗设想，天堂应该是图书馆的模样"把我的记忆拉回了求学时代。除了照片和证书，那些年唯一能在我脑海里留下印象的只剩下那些书了。

在号称西北藏书量最大的图书馆里，我度过了在我生命中最璀璨的七年时光。本科时代，我爱读书，我喜欢徜徉在图书馆，一层层，一排排书架看过去，摸过去，走过去，像巡视自己的领地一样骄傲和欣喜。马塞尔·雷雅曾说："旅行，是为了认识我的地盘。"我在图书馆的盘桓，也许也是为了认识这文字世界里我可能领略的地盘。前几年，我爱读书，享受拥书之多，读书之广。

后来，出于专业学习的需要，我开始有意识沉下心来读书，本专业的书，要拥有敏锐的洞察力，理论是必需的积累。于是，我啃古代文论，读文学批判史，并一头扎进西方文论，我爱上尼采那个疯子，我知道了弗洛伊德关于《作家与白日梦》，也在艾略特的《荒原》里游荡，阿尔都塞关于意识形态的解读让我深深为之倾倒……

时间都去哪儿了？时间都沉淀在了那将近30万字的读书笔记和心

得里,那是我最美好的回忆。在老师的引领下,我初步形成文学批评系统的理论建构,那些积累,让我的阅读有了自己的思考。

一分收获,学会了感恩过去的阅读,感恩过去的老师,感恩过去努力的自己!

如果我永远不走出象牙塔,我想这样的阅读体系,足够我游刃有余,继续充盈,则拿奖学金,攻博,发文,足矣。然而,生活没有如果。和大多数人一样,我无法逃避就业,需走出来面临最简单质朴的考验。

初入职场的彷徨,任何一个新人都曾经历过。以前的专业积累,和当下的工作好像联系甚少。看起来"高精尖"的专业知识毫无用武之地,而初中阶段的教材和学情却是一片空白。我有委屈,也有彷徨,更多的是对未来的迷茫。

时间都去哪儿了?时间绝不该只花在彷徨无助上。阅读,为我劈开了从业的荆棘小道。每当遇到困难,我都会去搜求相关专业书籍进行阅读,整理和思索。值得庆幸的是,我们并不是孤立的,还有很多人,和我们一样经历着种种挑战,而且积累下了丰富的经验,凝聚成职业的智慧。所以,从业至今,在磕磕绊绊的工作中,我都能幸运地在阅读的指导下顺利过关。

讲座上,先生给我们推荐了一系列名师名家的代表作,其中有我熟悉的,也有我不熟悉的。可怜的我,在看到熟悉的名字时,甚至心里隐隐有一种自得。幸而,这种自得止步于先生的下一句:我们应建构属于自己的阅读体系——系统的、经典的、前瞻的、穿越生命的体系。我汗颜了,先生的口里的"功利性"阅读不就是我吗?甚至,我连这都算不上,在专业阅读上,我是有了问题才去读书,只读针对问题的书,阅读之狭隘、功利,由此可见一斑。

有些羞愧,匆匆抄完先生开列的书单,我甚至不敢再抬头看先生一眼,总觉得那睿智的眼神会扫射出我的功利和心虚。我低着头,也低下了头,认真思索着我今后的阅读计划。

一分收获,学会正视自己的功利,学会真正尊重阅读。

"阅读的姿态"和"从现实生活中汲取教育智慧",先生再次把我的思绪推向更深处。"记住,工作后千万不要把自己定位为事务性工作者,而是要经常思考,动笔将所有的想法形诸文字。"求学时代导师的这句话就这样被先生唤醒。我突然想起了曾经那个爱读书、爱思考、爱动笔的自己,好像面目全非,又好像依稀可辨。在毕业数年后,一场讲座,让我终于得以领悟。

前些天读了一部备受推崇的书——Marilyn L. Page 的《让学生都爱听你讲》,这本书所提倡的课堂有效管理六步法——第1步:关键的开始:教师要熟知并使用每一个学生的名字;第2步:避免匿名的和悬空的问题;第3步:明智地选择和使用课堂用语;第4步:避免给出让学生迷惑不解的指导语;第5步:用提醒和暗示促进学生的文明行为;第6步:增进课堂的互动:你能感觉到课堂的"心跳"吗?就目前了解到的资料表明,这本书受到了很多人的关注和肯定,而该书也成了教育类畅销书之一。

一本书,需要阅读和思考的,不仅有内容、作者,还有其研究方法。

在《导言》部分,"并非总是因为'可怕'的学生"中,作者提到当听到沮丧而苦恼的教师向她抱怨课堂的混乱和学生的可怕时,她会告诉对方不过是由于他们自己没有促使课堂足够积极而导致问题的发生,并提出了自己的观点:并非学生真的很糟糕,而是教师必须要促进积极课堂的产生。

当课堂出现问题的时候,我们不应该把问题单一地指向学生,而是应该更多地从自身教学方法、课堂管理等积极程度中找到克服问题的答案,努力促进积极课堂的产生,给予学生安全感和建立学生对教师的信任度,从而提高教学效果。作者职业态度的自省性让我为之动容,也促使我对自己的课堂产生思考。

在"本书与其他书有何不同之处呢?"作者表示本书旨在"通过讲述他人的故事,这本书告诉教师们如何防止课堂混乱,而不是去正面应对混乱……从而创设富有生机和成效的课堂"。《禅师的最后一课》给我们留下这样的问题：除掉杂草的最好方法是什么？是种上庄稼。解决课堂混乱的方法是什么？让课堂有序！课堂有序，让混乱无处容身，从而实现课堂的有效管理，把问题扼杀在摇篮里。其问题研究的前瞻性值得我去学习。

想象与现实的区别，让人不忍直视。每次翻看学校课堂的照片、录像，我都忍不住问自己——那个又矮又胖，小动作颇多，跟优雅和知性没半点关联的女人是自己吗？沉重的打击让我意识到音像留存与自我勾画对比的差别，上课没有镜子，但是这些影像让我们找到了不足。你看到的那个人显得愚蠢且可笑，课堂机智不足，面对突发问题或预设外的情况缺乏掌控，课堂沉闷；语言短路，表达不畅……每一次翻看，我都在想如果再来一次，我定能做得更好。

音像留存，就像一个错题集，我们反复比照，就会发现自己的惯性不足，有利于我们正视自己的问题，去掉不适宜的举止和表达。我认同其研究方法的可操作性和实效性。

但是，更让我关注的是这六步的似曾相识之感。依托于顺德教育教学改革的背景，这样的六步可见于我们大多数课堂，只是我们的做法停留在教学经验总结；且我们的教学改革尝试和成果，有一些甚至远超本书所记叙的方法。可是，令人遗憾的是，我们的经验、想法、成果还只是停留在口口相传、经验交流，形诸于文字，沉淀为理论的少之又少。

我们的智慧消磨在无声无息中。这就是我的事务性工作生涯，这也是事务性工作中阅读带给我的思考。因此，在听完老师的讲座之后，我对自己浑浑噩噩的状态做了深刻的检讨。这并不是我想要的生活。心中千变万化、丰富奇幻的念头形诸文字的过程，就是思想沉淀的过程，会逼着你思考，过滤掉不必要的，留下需要沉淀的，让生活变得厚实。

一分反思，反思自己的不作为。

生命不息，阅读不止，"笔耕"不辍——厚待自己，善待工作，赏不一样的美，收获不一样的生活。

（顺德区勒流育贤实验学校初中部 周倩）

我与语文的"起承转合"

犹记得第一节课时,周老师并没有跟我们进行传统式的自我介绍,正当我的心中还在寻思着这是一位怎样的老师,电子屏幕便出现了一个大大的鲜红的"我"字,接下来就是专属于周老师的个人介绍。说来也奇怪,五节课过去了,记忆犹新的,还是第一节课那个大号的"我"字。在这个"我"字里有视野、有底蕴、有修为、有情趣、有语言力、有驾驭力、有阅读力、有写作力、有理论力更有统整力,是的,这就是周老师的课堂,是专属于他的独一无二的课堂。

在五节课的学习中,周老师反复强调必须要建构属于自己的独一无二的课堂。老师做到了,那么我呢?

起:长大后我就成了你

决定成为一名语文老师,是十三岁那年的事。

那时候我刚上初中,就读的就是广东顺德德胜学校。那时候它还不叫德胜学校,而是顺德一中初中部(德胜校区)。这是整个顺德区最好的中学,我怀揣着无比的期盼与好奇踏进了这高手如云的学校。最先唤醒我懵懂心灵的是那一抹耀眼的玫红。她有着齐腰的卷发与甜甜的笑容,站在讲台上的她年轻而富有朝气,玫红色的短袖上衣与浅蓝的喇叭牛仔裤,宛若广袤蓝天下盛放的一抹红,把整个教室都照亮了。每每读到文章动情处,她会和我们一同湿了眼眶。她是我这一生最爱的语文老师,一个刚刚毕业了三年的中文系女孩。她欣赏我的文字,使我一直以来郁郁不得志的创作，终于找到了文思泉涌的出路。这是一所不一般的学校，在我的同学里，有包揽数理化全国一等奖、手持华附预录通知书的高手，有十三四岁便开始读《浮士德》、作文里开始探讨中原水土如何孕育了王昭君的风骨的才女，有自己用纸皮制作视线会拐弯的望远镜、挑战物理极限的小科学家……但她呢，偏偏看中了不起眼的我。在她的鼓励下，我开始在报刊上发表自己的文章，出席大大小小的比赛，也答出了一张张高分的语文考卷。在那段时期里，我的自信心就像生命力最为顽强的野草，在一点一滴的雨露之下，蓬勃地生长起来。我没有一点犹豫，在阳光灿烂的语文课堂上，我指着台上正在讲课的语文老师，扭过头去告诉身后的男孩："长大后，我要成为像她一样的人。"十年以后，我如愿以偿地站上了德胜学校的讲台之上，以一名语文老师的身份，兑现了自己十年前的梦想宣言。梦想成真是件小概率的事情，但我做到了。

承：在泥泞中踏足前行

在最初的梦想发芽以后，我再也没有给自己的人生设定过第二条轨道。小时候曾经被我妄想过的那些梦——成为海洋探险家、脑外科医生等都已一一抛诸脑后，我只想成为一个语文老师，一个德胜学校的语文老师。

我知道这是一件不容易的事情。为了完成这件事情，考入师范大学后，我开始疯狂地参加比赛。因为我知道，只有这样，我才能迅速地成长起来，然后把我的梦想撑起来。从入学的第一年开始，我把学校里所有大大小小的师范比赛全部看了个遍，笔记做了厚厚的一叠，在观赛的同时不断地思考如果是我，我要怎么做。从大三开始，我从观赛者变为参赛者，用自己最多的心思去筹备了每一场有分量的比赛。四年里披星戴月的奔波换来了漂亮的证书，我的努力换来了上天赐予的好运气，在毕业那年，我的简历上写满了好看的评价。

但也正是一路的好运气与大学狭隘的象牙塔生活，使我开始盲目自信。我错误地估计了自己的能力。当我开始真正站上一线的讲台时，我才发现自己的教学设计是那么的幼稚，那么的脱离实际。我永远只想到自己怎么教，却从未想过学生应该怎么学。不为学而教，却只为教而教，这是没有生命力和持续发展力的教学。这也正是周老师所说的，视野、底蕴、修为和情趣都未够的时期。这样的课堂，是干枯的。

转：作为学而教的艺术家而非为教而教的泥水匠

"师傅上课犹如写得一手好文章，起承转合皆齐备，张弛有度又具有很强的向心力。我常常感叹于她解读文本的功力之深与传授能力的炉火纯青，听了将近一个月的课，真切地体会到教语文是门艺术活，师傅已是个灵巧的艺术家，而我还是个泥水匠。每次听完师傅对我上的课的评说，总觉得醍醐灌顶。今天本来已经备好明天的课，但临走前与师傅浅谈了两句，听后忽然觉得自己原本的设计都太肤浅了，又决定抱着电脑回家再忖度。太感恩在我职业生涯的最初就能遇到如此优秀的指导老师，是压力也是动力，一步一个脚印，真的要走得踏实一些，再踏实一些。"

——摘自 2015 年 12 月 8 日日记

在重温新教师培训听课笔记之余，我又翻开了自己初入师门时的日记。一年前刚入职的心情似乎又重新温热了此刻的心头。

我的师傅是个爱心满满的人，无论是对徒弟还是学生。她总害怕给我们太大的压力，每两周一次的导师听课，她总小心探问是否已准备好，耐心疏导我们的心理压力。每回听课结束，总第一时间报以微笑和肯定。我笃定地相信，这就是师傅爱的教育。我从前不明白师傅的课为什么艺术感那么强，无论是上最枯燥无味的基础知识课，还是令人文思泉涌的作文课，学生都能听得如痴如醉，课堂氛围热烈，师生欢笑连连。我想，唯有爱，才能让我们的教育如此活色生香。"想学生之所想，乐学生之所乐，学会跟着学生的思维去走，去探听他们的世界"，师傅总叮嘱，"试试看，这样也许就能看到不一样的课堂了。"一个真正能称得上老师的人，心中永远为学生留出一片广阔的天空。

刚刚毕业的我，最初只关注在课程的设计和教师的个人发挥上，极少关注到学生的真实反应与吸收，更别说在课堂上走到学生的心里去了。在从教的一年里，我学到的最深刻的一点就是——想学生之所想，乐学生之所乐。做一个真正寓教于乐的老师。

记得本学期师傅来听我的第一节课《从百草园到三味书屋》。为了起个好头，我特地做了大量的准备，将考点的训练都融入了各个教学环节当中，精心地设计了各种问题和板书。但到了真正的课堂上，我发现我当初的设想全都泡汤了，课堂上变成了我的"一言堂"，学生从一开始的兴致勃勃到后面的鸦雀无声，我看着坐在后排的师傅，心里更冒出了冷汗。我把板书写了满满的一整板，然后把知识点全都自己"说"了一遍。但我深知，这节课是我"说"的，不是学生们亲自"学"的。下课铃打响的那一刻，我感到了深深的挫败感。

师傅把我领进办公室，耐心地与我分析各种原因。"要记得想学生之所想，乐学生之所乐。百草园里有那么多好玩的植物，如果你能一一给孩子们展现一下，他们一定会非常开心的。虽然现代人的生活已让我们远离了自然，但在语文课上，我们能不能还给孩子们一点最本真的快乐与享受呢？带他们去看看这个可爱又神奇的世界。"我看着师傅的双眼，忽然感到了难言的惭愧。我是多么的功利，永远只想着落实考点，却从未有过一颗带着孩子看世界体会人生的心。我的语文胸怀如此狭隘，又怎么可能让孩子们感受到学语文真正的乐趣？师傅的话犹如当头喝棒，狠狠地把我敲醒了。

在接下来的一周，我到师傅班上听课。师傅上的是《水浒传》中的《鲁提辖拳打镇关西》，她紧紧地围绕"三拳"，分析鲁提辖的语言和动作，从而探究人物形象。在分析语言部分，师傅让孩子们多次模仿鲁提辖的语气，在解读动作时，她就让孩子们亲自来试验"拳打镇关西"。孩子们兴奋至极，仿佛个个都化身为疾恶如仇的鲁智深，对恶贯满盈的镇关西深恶痛绝，无须等师傅一一道出人物形象特点，孩子们都已能分析得头头是道。真正的教学，重点不在教，而在学。一个成功的老师，一定不是教得好，而是能让学生学得好。师傅和我落实的知识点其实惊人的一致，但我的课堂气氛沉闷，像填鸭一样将学生喂满，而师傅却让孩子们在真正的实践中去感悟与领会。那一节课，我受到了极大的启发。

我想起了新教师培训里曾细致地学习过观课议课，我便将自己在培训中所学到的内容一一套入自己的课中去观察。首先关注课堂核心层面上的两点：知识传授与学生发展。乍看似乎和课堂的两大主题"师"与"生"刚好相应切合，似乎关注的点各占其一，但细细品来却并非如此。知识传授似乎关注的是老师如何将知识呈现给学生，但知识传授的最终目的还是为了让学生习得，然后获得自我成长。因此，课堂的关键还是在"学"，而非"教"。"为学而教"才是最终的目的。只有"为学而教"的课堂才有可能真正满足学生想学习的愿望，传授他们学习的方法，丰富他们的知识和技能以及让他们感悟学习的意义和作用。这是课堂的最终使命，也是根本意义所在。的确，我先前的课堂太僵硬也太死板，过于功利化，最大的弊端就是忽略了学生的最终发展。这是缺乏温度和情怀的课堂，这样的课堂是没办法活起来的。

从此，我便开始有意识让自己关注师生互动，将注意力从教师的"教"慢慢转移到学生的"学"身上。渐渐地，我发现，我的课堂开始慢慢活跃起来，有些时候我甚至能顺着学生的思维走，激活他们的兴趣，更好地推动课堂的开展。也是从那时候开始，我才真切地感受到语文课堂的快乐。

合：博采众长为我所用，活出我的专属课堂

语文之所以动人，正是因为它是生活的本身，每个人都身处其中，因此每个人都有话可说，有情可感。但它却又高于生活。尽管每个人都在社会的大洪流里潜游，但境遇不同、经历不同又注定了每个人的体会深浅不一，情感的体验不尽相同。在语文里，可以品语言的韵味，可以

探自然的奥秘，可以观人生的百态。如果世上找不到两片完全一样的叶子，那世上也一定没有完全一样的语文课堂。我的语文教学之路还很长，我一定会以此为起点，走稳此后的每一步，站稳讲台，站亮讲台，打造出属于我自己的独一无二的有视野、有底蕴、有修为、有情趣、有语言力、有驾驭力、有阅读力、有写作力、有理论力更有统整力的课堂。把培训中的所学一一贯彻落实在自己的实践当中。

（广东德胜学校　李思思）

职业起点的语文教育之思

凤城的春天，格外美丽，夹道的木棉，娇艳似火。每天清晨，我同它们一道迎接新的光景。初春细雨，一个个花骨朵儿在光秃秃的树枝上探出头来，若是老天放晴，便竞相绽放。一树明艳的橙红挂满枝头，绚烂灼人。木棉花的骨子里很是倔强，而当生命燃尽，一个个花朵从高空砸向地面，落地时，花形完整，颜色艳丽依旧，铺陈在柏油路上，格外抢眼。而木棉树，始终不改风姿飒爽，难怪有人说，"浓须大面好英雄，壮气高冠何落落"。

"天地有大美而不言，四时有明法而不议。"天地造化何其伟大，而我每每面对有灵且美的万物，都深感无法用语言穷尽心中之思，大概，这就是我愿意用一辈子去学语文的原因。

这是我在凤城度过的第一个春天，也是我作为一名语文教师走过的第一个年头。转眼即初夏，回顾这个春天，我与三十多名初入教坛的同仁一道，参加了顺德区语文名师周小华老师为我们带来的思想盛宴，与语文教育来了一次深入碰撞。这是我执教将近一年来，第一次因为这样一个契机而跳出来，进行自我审视、反思，站在职业生涯的起点，我由衷地感激自己能有一个这样的机会去思考：我为何而来，我将到哪里去？

和大部分同仁一样，我是一名中文人。七年的中文系学习，让语文深入我的骨髓。语文是什么？对于中文系学生的我来说，它是一把钥匙，七年前，我只知世界是繁复多姿的，而这把钥匙，将世界这个盒子打开，让我一窥世界之繁复多姿，更让我试图去寻找它繁复多姿的缘由所在。它更是一个多元、包容、开放的乐园，在福州大学中文系，我们遨游在《诗经》《离骚》《荷马史诗》、希腊神话、陶渊明、李白等经典名作名家构建的诗意世界里，"无穷的远方，无数的人们，都与我有关"。在暨南大学的文艺学研究生课堂上，我们探讨文学的多种存在方式，探讨文学与道德、宗教、时代之关系，探讨新历史主义、女性主义……我看到思想纷飞，看到文学之博大精深，人学之奥妙无穷，它拓宽了我的视野，也让我看到自身的无知和渺小。

正是对中文的热爱，我选择走上了语文教师之路。我深知，语文对于每一朵待放的花蕾，是最佳的养料，世界在他们眼中从朦胧到清晰的过程中，语文对他们塑造世界观、价值观、视野、思维承担了重要的责任。任重道远，责无旁贷。既然语文给了我的成长过程如此精彩纷呈的体验，那何不由我来将这种种精彩传递、分享给成长中的他们？这，便是我的初心。

因为各种机缘巧合，干脆称之为"缘分"，我成了一名中等职业学校的语文老师。中职学校里，是一群十五六岁的少年，他们拥抱着人生中最美好的青春年华，**蠢蠢**欲动又有些迷茫无措。他们中有一部分人，会在十八岁时便踏入社会，开始面临生存与生活的考验；也有一部分人，带着曾经在学习上受过的挫折，依然向往能够进入大学校园。他们是敏感的、好奇的，也是需要被关注和鼓励、被感同身受的。

那么，语文对于中职学生来说是什么？对于作为中职语文教师的我来说是什么？周老师认为，语文应该建立起学生的语言系统、价值观系统、审美系统以及思维系统。我认为周老师的总结非常之精准，把语文教育的精髓提炼出来了。然而，正如周老师也曾经提到过的，职业教育和普通高中教育有一定的区别，所以我把具体情况落实到自己的学生身上。而以下所陈述的，便是我希望自己的中职语文课程能够达到的教育目标。或许是稚嫩而理想化的，但我愿不断地探索和尝试。

首先，语文是无处不在、终生相伴的交流工具。那么，帮助学生实现流畅而准确的沟通是中职语文教育的第一个目标，甚至是一个迫切的目标。之所以显得如此迫切，是因为许多同学即将踏入职场，而沟通能力乃为重要的职场能力。具体来说，写得一手好字，能准确地进行书面表达，能说一口流利的普通话，进而能自信、流畅地进行口头交流，这些技能能够让学生受益终身。而要达到这几个目标，每一项都需要师生们持之以恒的努力。一方面，部分学生的语文基础较薄弱，学习习惯也存在一定问题，所以应当夯实学生语文基础，疏通基本的字、词、句运用，并且在日常的作业中去规范、纠正学生的书写和表达中存在的不良习惯。另一方面，让学生更多地开口说，提高他们表达自己、分享自己的兴趣和自信，并且给他们更多的训练机会。众所周知，中职学生中学阶段在班级得到的注意和鼓励是较少的，让他们不自信的是戴在头顶那顶"差生"的帽子。而他们来到我的课堂，我想我会不放弃每一个鼓励他们的机会，帮他们摘掉"差生"帽子。再者，结合他们所学专业，做一些与专业相关的训练，也是语文教育作为交流工具训练可以发展的一个方向和趋势，但具体专业又要寻求具体的结合方案。例如，我所任教的班级中，在旅游与酒店服务管理专业的课堂上，曾经做过导游词的撰写训练以及现场模拟导游，这些都能够切实地提升他们的表达能力；而汽车运用与维修专业的同学，我计划与他们的汽车营销课程相结合，把他们的口语训练运用到汽车营销模拟当中。当然，我所做的这些尝试，还未成系统，需要更加深钻专业特点加以结合。倘若假以时日能够形成足够的材料，编写成一套有系统的校本教材，并且在课程中合理地、有计划地安排其中，想必也是我自己功力修成之时。

当然，中职语文不能一味地工具化。"无用之用为大用"，语文更应该当春风化雨般深入每个中职学生的人生，因为我认为，中职语文更重要的是帮助学生开阔眼界，丰盈内心，以开启人生的无限可能。倘若语文能使得他们敏感地去体验生命，更宽容地理解世界，更开放自己的视野，更乐观地向往未来，那将是我作为一名语文老师最高的成就。语文会带着他们看人生百态、社会万象，体验世间所有珍珠般美好的感情。是的，今天发生的一切，莎士比亚、鲁迅、杜甫都写过了，我们拥抱着文学的宝库，就该带着学生去看看，世间的人们是以什么样的姿态在活着，而活着的意义又是什么。周老师喜欢在语文教育中引入时评，为的是锻炼学生的思维；而我也经常在课堂中引入时事，为的是和同学们一起探讨为人处事的道理，也尝试从学生的角度去思考问题。人生不过须臾，人世间有太多美好值得珍惜和向往，人生可以有无数种可能性，也有太多的平淡岁月、纷纷扰扰要应对，而我们能交给学生的，是照顾自己心灵的能力，是乐观地经营自己的人生的信念。正如罗曼·罗兰所说："世上只有一种真正的英雄主义，那就是在认识生活的真相后依然热爱生活。"

语文要深入生命，深入人生，也要从生活中来，到生活中去，所以让学生跳出课本，拥有一双发现生活之美的眼睛，并且学会感知生活之美，也是中职语文教育的目标。我曾经尝试过让学生组成语文实践小组，让学生去发现"凤城之春"，并以图片加文字做成课件在课堂上分享和展示。"春天"这一被人们所熟知的话题，在他们的眼中，被细化成争春的万木、一道斜阳、一把彩虹伞，或是南风天后湿漉漉的墙、公园里嬉戏的小伙伴，还有学生为"春天"写了优美的律诗，着实让人惊喜……春有百花秋有月，夏有凉风冬有雪，世间永远不缺少美，缺少的是去品味人间好时节的心情。而语文，应该教会学生去发现点点滴滴的美。

以上，便是语文之于一个中职学生的意义所在。而笔者又难免联想到顺德中专语文组为营造校园文化氛围所作的努力。顺德中专语文组从2015年9月开始举办"凤凰树下"传统文化讲座，围绕"中秋节""中国传统女性""中国文人与酒""古人的友谊"等话题，至今已举办了七期讲座。通过讲座，师生们开始关注传统文化、研讨传统文化，从千百年来中国智慧中汲取养分。氛围的营造对于语文学习具有重要的意义，未来，语文组还将进行更多的尝试，如经典诵读比赛、"读书节"活动等，这也是语文教育的方式多样化的探索。

文末，我想谈谈我对于自己的要求。周小华老师说：作为一个语文老师，最重要的是要读书。我亦是深切地认为，"三日不读书，便觉语言无味，面目可憎。"读书，是一辈子都永不停歇的修行。时代在飞速发展，学生的文化水平也在飞速提升，读书，赶上世界的脚步，也赶上学生进步的脚步，更是对自我的超越。苦练基本功亦是不可停止的修行，一手好字、一口流利话、张口就来的经典诗词背诵等等，只有功夫硬，才能真正征服学生。此外，我的目标仍是成为一个有古典气质的语文老师，因此我已经进行了半年的古筝学习，希望假以时日，能够将古典之美带进我的课堂。以上种种，建立在一个基础上，那便是做一个积极、乐观、善良、上进的人，以我的生命影响学生的生命。

（顺德中等专业学校　吴慧鹏）

漫步在学与行之间

"对这节课,我准备了一辈子。"这是苏霍姆林斯基的书中最触动我的话。而这,恰好也是我走进周老师课堂最直接的感受。

它山之石,可以攻玉

"多读无用之书""道与术,以道为根本""构建系统、经典、前瞻、穿越生命的书系"……周老师讲的不仅是课,更是一本"读书经"。而这一点总是体现在每节课的导入之中。从音乐《我愿意》讲到哲学三问,从孔子问礼于老子,再到《存在感》这一美文简析,周老师对知识的融会与贯通令人赞叹,正如子曰:"夫子循循然善诱人"。诱而有趣,趣而生味,谓道之始也!

不经意间,我陷入了回忆和反思之中:我在语文课堂上用过几种导入方式?它们是否浸润了知识的养分,是否能度量出知识的温度?回忆的结果让我自惭形秽。回顾所学的作家作品,叙述作者生平或趣事,讲述课文的写作背景成了我导入新课最常用的方式,而以音乐、名句或选取生活相关的场景导入课文只是偶尔为之!

我突然感到一阵惶恐和庆幸。惶恐的不是自己没有在导入上运用过多的技巧,而是学生该因为我的选择狭隘,丧失了多少对语文课的热情和对文字的感悟,缺失了多少感受知识宽广胸襟的机会。庆幸的是我还有时间去学习提升,尤其是听了周老师的课后,感觉以后从教之路甚长,正如古人云君子曰:"学不可以已"。

学习过后，我作了很多不一样的尝试。我把《蒋勋说唐诗》运用在了《唐诗五首》的教学里，当学生听到布袋戏里人物一出场念的是唐诗，知道日常所用的例如"风调雨顺"这样的四字语言形式牵连的是《诗经》，五字牵连的是汉乐府，七字牵连的是唐诗的时候，唐诗走近了他们，或者说，他们发现了潜藏在生活中的唐诗美学；讲及《师说》，我把韩愈的《祭十二郎文》翻出来和学生一起细细地品读；在《蜀道难》的教学导入模块，我有意设置了两个版本的朗诵，一个语调激昂，尽显蜀道之巍峨；一个阴森而带有惶惶不安的颤抖，声音里似能走出一位满脸愁容、感叹蜀道之险峻的旅人。学生在两种不同的声音中感悟文本的情感和内容，再结合自己的解读朗诵，以朗诵贯穿课堂。我没有给这一次尝试下成功或失败的判定，但在课堂上我分明能看出学生眼中的学习热情！

问渠哪得清如许？为有源头活水来

周老师在课上多次强调"裸读"。究其大意，就是在备课时撇开教参，抛开网上资料，先自己独立反复地阅读文本，并进行赏析和钻研。周老师也讲到了"裸课"，虽然没有给出相当确切的定义，但从老师的介绍中"裸课"应是讲求"凭知识的积累铸就三尺讲台，用个人的见解去激发学生兴趣"，减去其他教学手段和形式的课堂。

张丽钧曾经写过一篇短文，题目叫《老师，你敢上裸课吗?》，公然向"裸"时代，特别是"裸课"这班时尚列车发问。文中把"裸课"定义为"一师，一黑板，一粉笔，一群学生，不磨课，不试课"的课，换句话说即"原生态课"。这种把多媒体设备"一刀切"地拒之门外，以不磨课、不试课为骄傲的"裸课"我尚不认可。但对于"裸读"，我却很是赞同，因为"裸读"只是备课中的一个环节，它极度重视我们对文本最原汁原味的解读，但是却并不排斥我们在"裸读"的基础上参考别人对文本的解读、参考倾听学生的看法，更重要的是要求老师自己要有深厚的知识储备，让我们平时多学习充电！

　　培训的过程里，总有那么些词汇能勾起大学学习专业课时的回忆，文本解读（或者说"裸读"）便是其中一个。中国自古就有"书读百遍其义自见"之言，把文本读通、读透，文本的内涵自然就出来了。除此之外，还有"尽信书不如无书"之说，放在今天，亦可以说是鼓励我们自己去解读文本。文本解读可以让老师暂时放下常用的社会历史批评方法，而从读者生产批评的角度观照作品。在阅读的过程里，我们只需要关注这个"蛋"（作品本身）好不好，而不需要了解那些"下蛋的母鸡"。我们独立对作品的解读成就了作品的内涵和意义。我想，文本解读的能力是作为一名语文老师必备的，如果自己都不能看懂作品，无法咀嚼出作品的味道来，又如何成为学生阅读的向导？

　　工作这近一年来，班级管理琐事的增多，课时压力的增大，网上资料的随手可得，使我静下心来解读文本的次数逐渐减少，甚至在课时紧张的时候渐渐把文本解读这项本领忘掉，而直接加工、改造别人的解读。培训过后，想起大学时代为了上好一节十五分钟的《荷塘月色》，我反反复复读了文本三十遍，终是读出了属于自己的一点味道，更为如今的懒惰深感惭愧。于是我又重新把文本解读拾起来，付诸实践。

　　那一段时间刚好在讲小说单元。我把《项链》翻来覆去地读，却是觉得马蒂尔德虚荣心的味道变少了，她从一个备受批判的人走向了一个让我耳目一新的人。又或者说，当我们以生活在21世纪的中国人的眼光去阅读这篇十九世纪末法国作家的作品，我们会对文本有全然不同的解读。课上作为文本主题的深化，我给学生讲述了两层文本解读的体会：其一是马蒂尔德的担当和伟大，其本质的善良使虚荣心得以归位；其二是马蒂尔德从劳动中获得了救赎，可是最终还是遭到命运捉弄，归根究底，在于她的生活追求并没有跳出物质的怪圈。我相信学生需要更多的时间去反复阅读文本，才能发现解读文本的乐趣。相信他们有一天也会发现不一样的马蒂尔德；也会发现《锦瑟》里说的不是追忆年华，而是一句句"我爱你""我想你"；也会发现《迢迢牵牛星》通俗的语言里有一波三折的艺术；又或者，他们会在文本解读中，读到属于他们自己的味道……

三省之得

"思维力"是从观作文公开课引申出来的话题。可以说，思维力如同人思想河流里的金子。在容易产生"替代思考"的教育模式下，学生对老师的依赖愈加严重，"只听不思，只学不思"甚至成为一部分学生的惯常思维。而周老师关于《提升思维力》的课堂很好地关注了这种现状，给我提供了实用的培养学生深度思考的范本，于我而言，也是收获最丰的一节课。

仔细琢磨，其实周老师所说的阅读、"裸读"、思维力的激发，从教师到学生是一以贯之的。老师丰富的阅读和广泛涉猎各种知识，使思考更具深度和发散性。此时，教师进行的"裸读"会自然生成更富有个性而深刻的见解，而教师的"裸读"和学生自己的阅读积累催生的是学生在教师的感染下进行思考。

我曾去听两位老师的课，那两位老师都有渊博的知识，都带重点班，却风格迥异。听了一周课下来，一个有趣的现象深深地吸引了我：虽然那两位老师都设置了课前演讲环节，但是一个班的学生演讲的多是《中日战争反思》《知人知面不知心》《谈"智子疑邻"》这些带有批判性思维的话题；而另一个班的学生则多是演讲《等风来》《那个声音》等等较为温情的话题。两个班学生思维导向的巨大差异是我意料之外的，但细想又在情理之中。因为前一个班的老师本就是一个重思维逻辑、爱写哲理性散文的人；后一个班的老师则更倾心于抒情诗歌写作与朗诵。所以，教师在学生思维力的激发上有着举足轻重的作用；再者要给学生一个展示的平台。

周老师在课上讲到的微演讲、微写作，讲到的为这些平台起上文艺的名字来激发学生热情，让我很受启发。可以说，我是边听边构思着接下来的一节语文课的。

回校以后，我便开始着手实践。在讲完小说单元的空档里，我给学生发了两份阅读材料：第一份选取了一篇短篇讽刺小说——《警察与赞美诗》；第二份材料选取的是两篇短篇讽刺小说：契科夫的《小公务员之死》以及屠格涅夫的《小丑》。《警察与赞美诗》一文是为了激发学生的思维力作铺垫的，课前自己细细"裸读"之余，布置学生研读并写上批注。学生在此之前接受的锻炼较少，所以他们更多的只停留在浅层阅读上，而未能深入地挖掘讽刺小说的深意。当我带着学生一点点地剖析时，我能明显感受到思维力对他们的触动。其实，他们的小脑袋，都是一台台思想的发动机。到第二课时，我彻底放开了。在黑板上写下"思想的火花——阅读分享课"几个字便开始让学生拿着自己的第二份阅读材料（上面都写满了学生自己的阅读批注）与小组同学进行交流讨论，气氛异常热烈。学生讨论时的语言犀利、一针见血，对讽刺主题的剖析说得头头是道，而且还产生了一些新颖的看法。出乎我意料的是，在最后十分钟的自由展示时间里，学生们竟是抢着跑上讲台来分享自己的见解的！

学习本次课程给我许多新的启发，而从课堂实践中我又获得了许多经验。我想，点燃学生思考的兴趣，锻炼其思维力，这种上课的方式不仅启发着学生也启发着我。

以上所言，皆零零碎碎，但千里之行，始于足下。一个真正的"语文人"，须是握得住书籍，耐得住寂寞，守得住初心之人。唯有知行合一，才能善始善终。

（顺德区容山中学　何晓琪）

不断反思，不断改变，不断成长

直面迷迷糊糊的自己

都说人最怕的就是直面自己，可是只有勇敢地直面自己并做出改变才会得到成长。

作为新教师，有时候我很迷茫，不知如何权衡班主任工作和语文教学之间的关系。当我投入太多精力用于班级管理时，发现根本没什么时间用来备课，于是教学一塌糊涂，教了一学期不知道自己教了些什么。刚开始，什么事情都不放心，都想亲力亲为，结果发现统计德育分、改作业等琐事耗费了自己太多的精力。于是不得不把一些事情交给学生去做，为自己减负，让自己有更多时间去做更重要的事。

由于我大学、研究生都不是师范院校师范专业，研究生读的还是汉语国际教育，与语文教学相距甚远。之前的教学实习经历也是教外国人汉语，所以对于语文教学一点概念都没有，只是努力回想起以前语文老师上课的情形。记得上学期上第一课朱自清先生的《春》时，我用了将近一个星期时间才讲完。当时模仿以前语文老师上这篇课文的方法，逐段逐句进行分析，最后将一篇文笔优美的抒情散文分解得支离破碎。

备课也是苦不堪言的。每备一篇课文都要花费很长时间。每次要反复研读教师用书、课后习题、别人的教学设计才能抓住教学目标、重难点。好不容易抓住了这些要素却又不知怎样设计教学活动来实现教学目标、突破重难点。

第一学期，每次进度都跟不上其他老师，一篇课文总是拖课时。现在想来，之所以出现这样的情况，一方面是因为下一篇课文还没有备好不敢开新课，另一方面是每节课的教学目标都不明确，随心所欲，讲到哪算哪。一节完整的课应该包括导入——讲授新课——评估导结几个部分，但刚开始上课教学环节都是不完整的，上的全是家常课。准备了很久的新教师汇报课，该注意的都注意了，教学环节很完整，目标很突出，时间也把握得恰到好处。但现在想来，那样的课实在太不平实了，不是常态下的课，难免有作秀的成分。

作为新教师，我也很喜欢模仿。这学期上一篇课文之前我都会先去听听别的老师是怎么上的，结果回来总是不假思索生搬硬套别人的教学设计，结果上的效果总是不尽人意。我还被推荐了很多的书。书一摞一摞地买回家，最后都束之高阁，蒙上了一层厚厚的灰。有时候，好不容易有点时间看书，却又不知这么多书应先看哪本为妙，那些讳莫如深的专业书总是成为我最后的选择，总是不由自主拿起周国平、林清玄的散文。本来小说也是我爱读的，可语文课本里那些名著可能因为强制和考试总让我心生厌倦。

学校的老教师很关心新教师的成长，总是鞭策我们要多去听课多看书尽快成长起来，"如果前三年没有成长起来，以后很可能就这样了"。作为新教师，每当我懈怠的时候想到这句话就觉得害怕。在学习和模仿的过程中，我有时候也会比较迷茫，别人给的建议有时候也不加思辨地全盘接收。忙忙碌碌一学期好像做了很多事，但又好像每件事都没做好，于是内心既焦虑又失落。

现在我调整了自己的心态，对于新教师，我们只能一步一个脚印，不能对自己要求太高。深入浅出、行云流水、智慧应对、富有特色的课堂，这是目前的我们很难企及的，但可以成为我们孜孜不倦的追求。现在我对自己的要求就是：认真研读单元目标，把握好每一篇课文的重难点，让学生每学完一个单元，知识目标和能力目标都能达成。

追寻教师的专业尊严

周老师在第一次新教师培训谈到"做一名有专业尊严的教师",提出了十个关键词:视野、底蕴、修为、情趣、语言力、驾驭力、阅读力、写作力、理论力、统整力。每讲解一个关键词都向我们介绍了很多语文教学界的大家及其作品,这些大家及其作品都是我在此之前闻所未闻的。周老师的博学让我这只井底之蛙投出了无比崇敬的目光,也深感自己才疏学浅。

以前参加各种培训、听课,即使听的过程很受触动,但活动一结束,回到学校投入到工作中,便将其中的内容抛诸脑后,并没有认真思索,付诸实践。但这一次的培训对我的影响很大,每次培训后,我都会翻翻笔记,整理一下自己的思路。对于周老师推荐的节目 TED、"超级演说家""我是演说家",我也会在放松的时候去学习,看看别人是如何在短短几分钟内将一个话题说清楚,并说服打动别人的。周老师说"当老师的一般都很能说,尤其是语文、政治、历史老师。其实,过度的语言对于学生而言,简直是'语言轰炸',他们是非常难受的。"不得不承认,我是一个很啰唆的老师,总是担心学生没听明白,于是同样的一句话重复一遍又一遍。现在,每次上课我都会有意识地控制自己,尽量让课堂指令精准简练,尽量引导学生多说。但提高自己的语言力,让课堂语言得体、精准、干净、清晰并非一朝一夕可练就的,但从第一次培训后我已经开始有意识地去改变。

关于阅读力,包括阅读的筛选力和文本的解读力。要读的书籍很多,我们常常在被推荐的书籍中迷失了自己。关于语文学科教学的书要读,语文课程理论的书要读,教材里的名著要读,学生爱读的那些小说也有必要拿来读一读。此外,学校还要求我们读一些班主任工作、小组合作教学"传统文化中考一本通"之类的书籍。但在碎片化的阅读时间里,我更爱读一些散文。在有限的时间、精力之下,不得不有所取舍、有所侧重地去阅读。我个人觉得，新教师教学为了尽快上手，最应该优先阅读的是语文学科教学系列的书，如王荣生的教学八部曲《小说教学教什么》《阅读教学教什么》《散文教学教什么》《写作教学教什么》《文言文教学教什么》《实用文教学教什么》《语文综合性学习教什么》、余映潮的《这样教语文——余映潮创新教学设计40篇》《文本解读的智慧》……这些书可以让我们尽快把握几种不同文体的教学侧重点。其次，通过学习名家名篇的教学设计和文本解读加深自己对文本的理解。而那些自己偏爱的小说、散文只能暂且搁置，等到放小长假、暑假再读。关于阅读，周老师也提出要"整本书阅读"。十分羞愧地说，工作以来我好像都没有完完整整读过一本书。总是拿起一本书读几页就搁置一旁了。我决定从现在开始改变自己，两周读一本完整的书。

关于写作力，包括写作的敏感力和写作的表达力。总觉得写作是件需要天赋和灵感的事，但还是可以通过后天努力得以提高的。有时候，越不动笔写越发现不知从何下笔。提高写作的敏感力需要提高对生活的洞察力，提高写作的表达力需要不断阅读，日积月累。

关于视野、底蕴、修为、情趣、驾驭力、理论力、统整力，更非一日之功可以提高。但周老师的讲座给我们新教师未来成长方向打开了一扇窗。只有不断学习，不断提升，才能真正树立教师的专业尊严。

悦享读书之美

第二次新教师培训的主题是"凝望书中的宇宙——悦享读书之美"。当天培训结束，内心好像有很多想法不吐不快，波澜起伏的心情久久不能平静。于是索性放下笔收起教案写下了一篇日志《阅读是一件多么美好的事》。

阅读是一件多么美好的事

工作之后就很少有闲情逸致用文字来记录什么了，偶尔写点什么，也是工作所需不得不交的工作计划、总结、新闻稿等等。

忘了曾经我也是一个热爱阅读、热爱用文字记录生活的人了。

忘了多久没有完完整整、认认真真阅读完一本书了。

……

忘了多久没有和老师朋友聊过文学作品了。

感谢培训导师周小华老师唤起了内心沉睡已久的文学细胞。终于那些如雷贯耳的文学大家又出现在我的世界，那些优美的诗词歌赋又萦绕在我的耳畔，让我再次感觉阅读是一件多么美好的事，文学是一件多么美好的事，用文字来传情达意是一件多么美好的事，能把这种美好传递给学生又是一件多么美好的事……

还清晰记得高一的一位同学说，她最喜欢泰戈尔"生如夏花之绚烂，死如秋叶之静美"这两句诗和苏东坡"十年生死两茫茫，不思量，自难忘，千里孤坟，无处话凄凉"这首词时脸上露出的幸福。还记得好朋友用娟秀的字体在我语文书上写下陈子昂"前不见古人，后不见来者，念天地之悠悠，独怆然而涕下"这首诗时的骄傲。还记得高一语文老师每次上晚自习时都会带上一本名著进教室，并且能够全神贯注地饱读一个晚自习的满足。还记得大学时古代文学陈子林老师每每在讲解古诗词时和我们分享他自己创作的诗歌的兴奋，古代汉语大胡子老师让我们背诵《论语》《孝经》《庄子》《大学》的情景，外国文学谢鹏老师每次上课都提一大袋书的画面。还记得大学同学舒婷、夏娟、罗其玉常常手持一卷书在操场、教室、图书馆如痴如醉阅读的身影……

这些场景都让我深深觉得阅读是一件多么美好的事。或许对于阅读，我一直并不是由衷热爱，更多是带有很强的目的性和功利性，因此对于骨子里热爱阅读的人，会格外钦佩。

今天，当周老师念出兰德的"我和谁都不争，和谁争我都不屑；我爱大自然，其次就是艺术；我双手烤着生命之火取暖；火萎了，我也准备走了"，博尔赫斯的"我心里一直都在暗暗设想，天堂应该是图书馆的模样"，我想起了《朗读者》，想起了董卿。当周老师分享在厦门面朝大海阅读周国平《妞妞，一个父亲的札记》的场景时，我想起了某个被硕士论文折磨得抓耳挠腮的午后在华文图书馆拾起这本书的情形。当周老师分享龙应台的《目送》《亲爱的安德烈》《孩子，你慢慢来》的阅读感悟，我想起了去年暑假去新华书店疯狂读书的日子。"我慢慢地、慢慢地了解到，所谓父女母子一场，只不过意味着，你和他的缘分就是今生今世不断地在目送他的背影渐行渐远。你站立在小路的这一端，看着他逐渐消失在小路转弯的地方，而且，他用背影默默告诉你：不必追。"尽管这段话看过很多次，今天再次读到依然觉得很感动。

这些文字充满了诗意和深情，即使不能全然领悟其中的真谛，但用心领悟就能感受美好。

认真聆听着周老师的阅读分享，认真记录下周老师推荐的每一位作者、每一部作品、每一句富有哲理的话，唯恐错失什么。回来翻阅密密麻麻的笔记，发现需要学习提高的还有很多很多。周老师向我们推荐了许多优秀的专业书籍，传授了很多好的阅读方法，更重要的是点燃了我们内心阅读的小火苗，让我们重新审视自己重新思考如何当一名合格的语文老师。

无论多忙，希望自己都能腾出时间来阅读，享受阅读的美好时光，将阅读的美好感染学生们，唤起学生深刻的生命体验，让他们真正爱上语文，爱上阅读，爱上写作。

从那天起，我真的开始每天腾出一些时间给阅读，工作日读余映潮的《文本解读的智慧》，周末读林清玄、周国平的散文。在阅读中沉淀自己，净化灵魂。

周老师第一次培训课就说："我希望自己不仅仅教给大家一些知识，更重要的是触动大家去思考。"我想，我被周老师"洗脑"成功。每一次培训对我的触动都很大，而且与以往不同的是，这次触动不仅仅停留在思想上，更付诸在实践上，不断改变自己。

触摸课堂教学的艺术思辨

关于语文课堂的艺术思辨，周老师提出要"增补删减、能进能出、收放自如、内外兼收、点面结合、似少实多、取舍之道、动静相宜"。

增补删减、取舍之道在备课的时候对教学内容要有所取舍有所侧重。增补删减和取舍之道还得根据学生的情况来决定，对于基础好的学生，需要适当补充一些知识。比如学到《木兰诗》时，要求"思维班"的学生去自主阅读《孔雀东南飞》并在课堂上复述这个故事；学到蒲松龄的《狼》时，除了学习教材中节选的第二则，还要求学生自主学习一、三则。而对于"常态班"的学生要求则相对较低，一般不展开对比阅读。对学生来说，有害无益的、影响学习的、可有可无的、影响主要目标的知识点可以大胆删除。

周老师强调课堂要最终回到"简素"，教学环节、链接、课堂活动等这些形式化的东西应该删掉一些，让课堂更高效。一节课45分钟，一般一二个活动就足矣，关键要让这一二个活动开展充分，活动太多最后只会流于形式。

以前总以为课堂气氛活跃一点比较好，最怕空气突然安静。可是学习也需要宁静地思考。热闹也好，安静也罢，我觉得，最重要的是要吸引所有学生的注意力，如果课堂只是老师一个人的表演，即使老师讲得眉飞色舞也毫无效果。所以，无论如何都要将学生的注意力吸引过来，让学生的情绪完全在教师的可控范围。如果发现大部分学生的注意力已经游离于课堂，应该马上想方设法将其注意力拉回来。

观课是一门艺术

在此次培训之前，我并未听过"观课"这种说法，一般都是说"评课"。观课较之评课更系统更全面。从学生学习、教师教学、课程性质、课程文化四维度进行观课。

我观课许多，但用现在学到的观课知识，去对照以前的观课，发现几乎都是走马观花。直到这次培训，我才知道为什么有些老教师在听课的时候喜欢去看学生的笔记，去听学生的讨论。

周老师提出在观课前要明确观课的目的、内容和方法，观课时要观"老师在如何做课"，要思"我会怎么上这节课"，要评"这节课上得如何"。真正观好一节课并不是那么轻松容易的一件事，不仅需要提前做功课，还需要在观课的过程中聚精会神观察每一个细节。

观课时要关注的点，其实也是我们平时上课时应该特别注意的地方。所以观课的系统知识，反过来也可以指导我们的教学。作为新教师，刚开始上课时我会特别关注自己有没有犯错，下一个知识点是什么，讲清楚了没有。上课提问全靠那么几个学生撑起课堂的"半边天"。有时候，学生只要说出了正确答案就暗自窃喜，却忘了追问他们是如何找到答案的。总之，关注学生太少。成功的课堂关键还是看学生的表现，教师在课堂只起主导作用。

五次培训，周老师教给我们很多知识，更让我们学会用批判性思维去思考。周老师的每一句话都值得我们在教学实践中慢慢咀嚼。缺乏逻辑性的我没法把周老师对我的影响逻辑性地记录下来，但每当我在教学中困惑迷茫时，总会想起他说过的某一句话、某一个观点。在接下来的教学中，我要继续不断反思自己，改变自己，让自己不断成长。

（顺德区勒流新球初级中学　李漫）

从学习中反思，在要求中成长

料峭的春寒已悄然逝去，伴着阳春三月怡人的景色，我有幸到杏坛中学参加顺德区语

文新教师课堂技能培训。短短的五次课，却深深撼动了我的内心。借此机会将自己的收获和心得记录下来，希望能给日后的自己一些鼓励和警醒。

我还不够专业

今年已经是我参加工作的第六个年头。作为一名非师范专业毕业的老师，其实自己对一名好老师的定义是很肤浅的：能把课上好，把学生成绩带好，言传身教去引导学生培养良好的品质，把学校布置的任务完成好……直到周老师第一堂课提出"做一名有专业尊严的教师"时，我在茫然中仿佛挨了当头一棒——我一点也不专业！以前我只会关注自己的班主任工作做好了没有，我的课堂准备充足吗？学生作业认真批改了吗？学生成绩进步了吗？可从来没有关注过：我自己够专业吗？

作为一名班主任，我自认为自己是负责任的，大部分精力都放在班级工作上，关注学生的一点一滴：生活习惯、学习习惯、心理健康、人际关系、成绩情况……在家校联系方面，不厌其烦地解答家长的疑惑，帮助他们纠正孩子的坏习惯。这些工作占据了我的大部分时间，若是再有学校下发的各种任务，则足以让我疲于奔命。可能是因为自己的工作"太忙太充实"了，我仿佛渐渐偏离了自己的"专业"——我是一名语

文老师！我工作的时间似乎被其他工作占据了绝大部分，让我从没有停下过脚步来思考自己是否足够专业的问题。所以，当周老师问出这个问题时，我愕然地陷入了沉思之中。

无疑，我不够专业。老师提出的语文核心素养我从未研究过，老师罗列的一本本专业书籍很多我连书名都未听过，老师谈到的语文教师底蕴和修为以及各种该具备的能力我从未思考过，更可怕的是，我自己从未意识到自己身上的不足！

很庆幸，我得到了这次警醒。周老师引用的俞敏洪的一段话深深打动了我："你可以选择成为小草，也可以选择成为大树。当你选择成为小草，即使你再倔强，也始终只能被踩在脚下。而当你选择成为大树，纵然作为种子的时候，也会被踩在泥土里，踩在脚下，但总有一天，你会成长为地平线上的风景，就算枯死了仍是栋梁之材。"我若是有成为大树的梦想，那么现在开始沉淀，努力成为一颗种子，也是为时不晚的。在这第一节课中，周老师提出了做一名有专业尊严的教师需要具备的十个关键词。其中有几个关键词是我日后需要不断加强的：

"视野"和"底蕴"。有时课堂上很想给学生拓展一些相应的课外知识，可每每一到关键时刻就如鲠在喉，很多知识不是自己涉猎不够广，就是接触过后又遗忘了，所以处处受限制。看到其他老师课堂上总能信手拈来，畅所欲言，只能心生羡慕。在语文的底蕴上，我也缺乏见解力和创造力。教学上总是拘泥于教参或者网上课件的思路，不敢有自己的质疑或独特的想法。在与其他学员的交流过程中，我发现，其实很多新教师也存在像我一样的疑惑，但是即使在百忙中，大部分刚毕业的老师都会挤出时间来充实自己，阅读很多的专业书籍来开阔自己的视野。这是让我感到非常惭愧的，即使在空闲时间，我也极少把时间花在充实自己的专业素养上。今后，我一定要提高对自己的要求，多关注专业方面的东西，切实去提高自己的能力。

"情趣"。一名成功的语文老师应该是能让学生不由自主地喜欢语文课，喜欢学习语文知识。这就需要老师在"情趣"方面下功夫了，在阳光、亲和和幽默下吸引学生的兴趣，真正乐于去学习。而我的班级语文成绩虽能名列年级的前列，但我猜测应该是大部分学生惮于我的威严而选择多花时间在语文的学习上，来达到我的要求。其实我很多时候大概是剥夺了学生对语文的兴趣吧，很多时候为了抓成绩而少了亲和，少了幽默，把语文的学习乐趣压在了作业和练习上。这也是需要我及时反思的地方。

总而言之，周老师的这第一节课让我醍醐灌顶，让我意识到了自己存在的最大的不足。虽然在语文教学的岗位上有几年时间了，也正是这几年时间没有给自己定下一个明确的方向，导致在职业道路上与语文的"专业"渐行渐远。我应先是一名"语文教师"，我的首要职责是"传道授业解惑"，再次才是一名"班主任"。若我没有做好这一点，我就不配为一名负责的好老师。从今天起，我甘心当一颗种子，沉淀下来，为自己长成大树做准备。

我要多读书

朱永新曾经说："一个理想的教师，一个要成为大家的教师，一个想成为教育家的教师，他必须从基础抓起，扎扎实实多读一些书。"我想，即使是一名普通的教师，也应该多读书来充实自己。

在自己的学生时代，由于资源的匮乏，对一本课外书籍是万分渴求的。上大学时，对图书馆更是流连忘返，在大学期间把自己喜欢的作家的作品基本上全看了一遍。可参加工作之后，读书的兴趣似乎烟消云散了，虽然陆陆续续也会买一些书看，但是远没有当年如饥似渴的那股劲头了。究其原因，应该是对自己的要求降低了，觉得自己参加工作后就是一个足够独立的个体，不需要靠书本上的东西来支撑自己。现在想来，这是多么盲目的自信啊。所谓"学无止境"，作为老师，我更应该不断去充实和更新自己的知识储备，而不是靠"啃老本"。周老师说得对，我们"啃老本"，日复一日去重复旧的知识，这样自己本身都会觉得语文是很无聊的学科,又怎能要求学生对这个学科产生兴趣呢?

在培训课上,一位老师说自己喜欢阅读三大类书籍:自己所学专业的研究型的书籍、语文教学的工具类书籍,还有文学作品等非实用类的书籍。相比之下,我万分惭愧,我连属于自己的阅读体系都没有构建起来,起点已经比他人低了不知道多少。其实更让我惭愧的是,我还在无形中扼杀了学生的读书权利,因为担心学生读课外书影响功课,或者在宿舍看书造成违纪和扣分,我甚至不允许学生带课本要求阅读的名著以外的课外书回学校。为此我作了深刻的反省,并在两个星期内在班级里了筹备了"图书角",也鼓励学生在课余时间多到图书馆看书。

望日后的自己也能一直保持一颗"赤子"之心,悦享读书之美。

我要学会"观课"

在听周老师的这一节课之前,我未有过"观课"的概念,只知道"听课"和"评课"。周老师也说出了我的心声,觉得"评课"这个词是有居高临下的意味的,所以我自己多少也会排斥学校的这种教研活动。周老师提出了"观课"这个理念,让我耳目一新。是啊,我们去听其他老师上课,不是单纯"听",更不是为了"评课"而去听课,更重要的是全面地"观察"整个课堂。

以往的"评课"我只会抓住"老师上课思路是否清晰""教学安排是否符合学生的能力""课堂气氛是否活跃"等等几点,其实发自内心认为这样的听课评课对自己并没有多大的学习意义。直到经过周老师的指点后,我才恍然大悟,原来自己一直都错过了那么多可以学习的地方!如课堂细节、老师提问的技巧和对学生回答点拨的艺术等,这些竟然是我以前从未留意过的。周老师的这节课使我对课堂有了很多新的认识:

第一,一节好的公开课应该是常态的课。不是说公开课就像平常上课一样不需要精心去准备,而是平常上的每一节都应该要像公开课那样去认真对待。反观我自己，要是公开课的话，我一定是提前几天时间甚至一周时间去精心准备，从课件到上课的每一个细节都提前设计好；平常的课，很多时候只是提前一天准备甚至是"吃老本"。

第二，要正确对待学生在课堂上的"沉默"。热烈的课堂气氛总会让人产生"老师教得好，学生掌握得好"的错觉。其实很多时候，这种热闹也是学生没有自主思考的反映。课堂上必要的时候应该有"沉默"，作为教师给予学生独立思考和组织语言的时间，而不是一见到学生沉默就慌了神，去质问学生或者着急去打断学生的思考。

第三，老师在课堂上要"管住自己的嘴"。课堂应该是引导学生思考和质疑的地方，不能"满堂灌"。语文老师容易犯的错误，就是课堂上口若悬河、滔滔不绝，没有把学生作为课堂的主角。这也是我自己很容易犯的一个错误，一堂课下来洋洋洒洒讲了很多，但发现学生记住的却很少。在上周我给学生上《卖油翁》时，一改以往我说学生记的方法，让学生自己思考"卖油翁这一人物形象有什么作用？""卖油翁是一个谦虚的人吗？"没有过多的干涉。但是学生在这两个问题的探讨上却相当积极，还小组间进行了辩论，让我眼前一亮。这节课我没有讲太多，只是作了一些引导和总结，但是从课后练习来看，孩子们的学习效果却很好。我想，我还需要在将课堂主体交还给学生这方面作更多的尝试和实践。

短短一个多月时间，周老师的五次课让我受益匪浅。他给出的很多建议是我工作了多年也没有摸索出来的，更加让我明白"活到老，学到老"这一朴素的真理。写下这篇感想，更重要的是时刻敦促自己"在学习中反思，在要求中成长"！

（顺德区容桂实验学校　刘燕飞）

育人者必先育己，育己者勿忘初心

为期五周的新教师培训即将结束。在这短短的五周课程里，周小华校长给我们带来了许多实质性的知识和思想上的冲击。回顾这短短五周课程，如果说要为本次的培训做一个总结，我想从我的教育初衷谈起。

作为一名教师，如何教从来都不是追问的起点。如同第一次课程的主题"做一名有专业尊严的教师"，周校长深刻追问的是教师的专业尊严。而我要回溯的源头是我为什么要成为一名教师，即我的教育初心。

从小到大，在我的求学生涯中，我接触过许多优秀的语文老师。在他们教育教学的过程中，我的语文成绩逐步取得了进步，而从他们身上我也在无形之中学习积累了一些不错的教学方法。但更为重要的是，他们对我的性格塑造以及为人处事产生了潜移默化的影响。这让我深深地明白，一名真正让学生记住并发自内心尊重的老师，应该是既能带给学生知识性的收获，又能给学生以人文关怀、正面价值导向的老师。

而真正让我立志坚定地成为教师的事，应该是我大四时在广州市第七中学的实习。在我成为高一重点班的代课老师前，七中的邵校长让我尝试上《孔雀东南飞》这篇课文。可以说，尽管此前一直有授课经验，但真正站在学校的课堂上，认真地上教材里的文章，还是我人生中的第一次。在进行认真细致的备课后，邵校长让我到他的办公室，与我分享了他多年的教学体会以及探讨文本的解读。他并没有告诉我应该如何上这一课，应该如何调整我的教学设计，应该如何安排课时和课堂容量，他只是一直在分享他对文章的体会。我最开始的安排是三个课时的教学，但由于经验不足，时间把控不好，前两个课时只完成了一半的教学任务，需要把教学延长成四课时。但每上完一个课时，邵校长都会耐心地与我探讨，但他依然没有告诉我，应该如何去上这一课。但每次与他交谈后，我都会回去修改我的教学设计，增删不少内容，甚至可以说，每上完一课时，接下来的教学设计就得更新一次。最后两个课时是连堂课时，经过一次次的修改，我的教学设计将个人所思与邵校长所悟融合在一起。在最后两个课时的教学中，课堂比较流畅，教学过程中，学生和我都渐渐放松了，学生开始进入到文本，提出了许多独特的解读。课堂的前半段竟不时出现阵阵笑声，而随着文本解读的深入，学生开始感受到情感的触动。从他们的反应中，我感觉到了他们在静静地思考和共情，动情时的课堂竟然是鸦雀无声的。而课堂的后半段，在我进行拓展提问和分享个人解读的时候，学生竟三次为我响起了热烈的掌声。正是这一篇课文的教学，让我真正感受到了作为一名中学老师，能在课堂上与学生自由地进行思想交流那是多么快乐的事。我永远不会忘记那几堂课，那真诚的掌声、愉悦的欢笑声已深深地刻在我的生命里。它是我教学生涯中的第一个里程碑，坚定了我的教育初衷，让我第一次深切地体验到了教育的美好。

当一个人有了自己的向往和追求，自然就拥有了向上的力量。而越是接近教育，就越是明白，现在自己的工作离真正的教育还有很大的距离。周校长有言："教育需要触动人去反省。"其实，不仅是学生会被教师触动而反躬自省，作为教育者，我同样因学生或别人的课堂而触动，不时地反省自己。作为一名本科毕业生，我不得不承认，自己的阅读量太少了。作为刚走进教育行业的新人，我总是迫不及待地想学习前辈们的课堂技能、管理手段，却往往忘记了技术容易习得，内涵却难以复制。"文化的积累不够，修养不足，谈何传承？"教育行业没有所谓的起跑线，后起之秀迎头赶上也是常有之事，年轻人在教学之路上要有一颗班门弄斧之心。我想，一切的追赶和超越，永远离不开广博的阅读、独立的思考和深刻的钻研。教师对个人进步的要求，会直接体现在他的课堂质量上。

我常常反思，已经工作半年多的自己，究竟取得了多大的进步？当初的职业选择是否正确？私立学校与公立学校有着太大的差异，就以我们学校而言，单是听课评课，或许就有着巨大的压力：对新教师听课要求更高，推门听课贯穿整个学期，多次教学质量检查……稍稍有松懈，则会有突如其来的旁听，或其他老师优质的课堂让你感觉到心虚和惭愧，时刻接受"鞭笞"。而更重要的是，周围人拼搏的态度和氛围会深深地影响你，让你羞于安逸。这份时刻存在的羞耻感，让我渐渐地并不局限于学校的要求，我们年轻教师的听课次数甚至比学校要求的多两三倍。这些外界的督促，究竟给我们带来了多少成长，我们并不知道。但我相信，尽管每天顶着繁忙的工作，每天的工作时长或许比小学老师长得多，但这些艰辛实际上会带领我们往更好的方向发展。尽管成长的快慢因人而异，但我相信，不懈的付出一定会促成我快速地成长。

经过一个学期的摸索和不断的改进，我开始慢慢地找到了当初实习课堂上的喜悦感和满足感。我开始适应教学的节奏，开始学会独立思考，备课时在不偏离教学目标的前提下加入自己的解读。所以，在学《邓稼先》时，我告诉他们时势造英雄，英雄亦造时势；在学《回忆鲁迅先生》后，我向他们讲述了萧红的一生，希望他们也能从萧红的角度揣摩文本某些片段里的另一种解读，体会萧红对鲁迅的情感；在学《孙权劝学》时，我告诉他们不要妄图"抱大腿"，而是要成为自己的大腿，强强联合会比以强扶弱能创造更大的价值；在学《木兰诗》时，我把花木兰的英雄光环洗去，让他们明白花木兰也是一个再平凡不过的女子，给他们讲平民英雄蜘蛛侠、家国英雄梅长苏、刚逝世的智慧英雄霍金，让他们探讨何谓英雄，明白英雄可以是知其不可为而为之者，可以是心怀畏惧却依旧勇敢前行者，也可以是平凡的我们身边的小人物；在学《土地的誓言》时，告诉他们或许我们很多人都是爱国而不自知的，可能要大得大失才能激发深埋在每个人心中的家国情怀，又或许是可以在阅读中慢慢培养共情能力，能够做到虽未经历却感同身受。我希望，通过这样的课堂，为我的学生打开思维的另一扇窗。

在这过程中，我给学生布置过相应的几篇随笔，以期培养他们独立思考的能力。幸运的是，我在他们的文字中感受到了孩子们思辨能力的提升。他们写出了对英雄的解读和敬意，写出了自己对爱国的真实思考和感悟。我明白，与上个学期的相比，我往内涵课堂的方向上又迈进了一小步。

我悟到了课堂关注的核心是"人"，不仅要关注知识的传授，关注教学质量的提高，更要关注学生的发展。

我也开始逐渐思考课堂、课程的深层问题。如，课堂的使命究竟是什么？我深深地意识到，课堂的使命即为"人"增值，提升课堂的动力值、方法值、数量值、意义值和价值值等。课堂的使命首要的是价值值，即育人。一育，让学生发现自己知识的匮乏，明白自己的已知和无知，明白自己的已学和欲学，从而激发学习的深层愿望；二育，让学生发扬正面的情感价值取向，通过对文学的感知，培养他们对真善美的感受力和欣赏力；三育，让学生发掘自我的价值，让他们在上课、受教育的过程中，发现自己的优点和长处，发现自己的爱好与向往，引导他们追求自我价值的实现和创造，成为更高层次的人才。

诚然，现在的我，还有许多的不足，无论是教学上还是管理上，都有着极大的提升空间。对于观课、评课、阅读、备课、教研等，我仍然是一知半解；在教学设计上，仍会存在教学环节过多、衔接过少、时间把控较弱、学生活动过多过闹等问题。可喜的是，通过本次培训和周校长的点拨和指引，这种种疑惑已明朗了许多，解决了许多，相信假以时日，我能获得真正的"蜕变"，做到内外兼收，收放自如，通过课堂唤起学生对生命、对人生的感悟与思考，能够真正上一堂平静的、素朴的、澄澈的语文课。

如今，我们这些年轻教师不过是淙淙小溪，但我们正努力地积累点滴，希望有一天终能汇聚为滔滔江海，带给学生源源活水，然后让他们用这些活水，浇灌出属于自己的独一无二的"花朵"。

（广东德胜学校　范诗华）

思想与行动在路上

> 《诗》云：蒹葭苍苍，白露为霜。所谓伊人，在水一方。溯洄从之，道阻且长。溯流从之，宛在水中央。
>
> ——题记

五天的培训结束了。记得席慕蓉在《离别》中写道："请再看/再看我一眼/在风中/在雨中/再回头凝视一次/我今宵的容颜/请你将此刻/牢牢地记住/只为 此刻之后/一转身/你我便成陌路。"我分明看到周老师微笑着温和地对大家说："再见，路上注意安全。"让我突然想起魏巍《我的老师》："孩子们是多么善于察觉他的老师。我们是多么喜欢迷恋他的老师。"和同学们讲魏巍《我的老师》，文章里头的孩子暑假是多么想念他的老师，半夜三更爬起来往外走，去找他的老师。说实在的，这样的情景在我身上还真的发生过。我喜欢周老师，我敬仰周老师的人格和学术精神。

最近读了一本书，韦伯的《学问作为一种志业》："在你来之前，这里面已有千年的历史，缓缓流动。在你走之后，这里面的历史将继续下去。"做学问要有学术的宽容，要允许多元的声音，允许被超越。周老师在上课的时候，经常说："我喜欢不同的声音，喜欢思想的碰撞，喜欢智慧的火花。"

回首与反省：我的职业路

其实，我也不是新教师。1988年出生的我，此前已教过三年书。

那时候大学刚毕业，一脸稚气和朝气，我读着海子的《面朝大海，春暖花开》，简单天真地相信，大海是美的，大海是宽阔的。那时候大学毕业到农村工作还能退学费，我去了，并且到了农村一所靠近海边的学校工作，广东省揭阳市惠来县前詹镇前詹中学。刚毕业那年，有的是激情，有的是青春，每天下班后就去看海。后来，我慢慢地发现，大海不是我想象的那么完美，农村的孩子大部分都是靠捕鱼为业。不久后发生一件事情，班里一个孩子的父亲去捕鱼，再也回不来了……当我看到孩子的母亲日夜号啕大哭，哭天抢地，我觉得我的心都在阵阵的发痛。最后，依照当地的习俗，在海边放一张草席，引回孩子父亲的尸体。

想起这件事，我就想起北国作家迟子建的《额尔古纳河右岸》。迟子建的小说《额尔古纳河右岸》，从一个弱小民族群体的独特生活视角，展现了东北少数民族鄂温克人的生存现状及百年沧桑的历史。迟子建把我们带入了中国北方最古老的原始文明，让我看到了鄂温克族多舛的命运。原来中国这片广阔的土地，这片早已经盖满高楼大厦的土地，还有那么多的人艰辛甚至是悲惨地活着。我亲眼目睹了什么叫家徒四壁，什么叫瓦房。那时候，我想着我还是得离开那个地方，也做了一些计划，坚持读书和写作，发了一些文章在揭阳市作家协会上。当然，我在那里也获得了一些教学的成绩。

当我开始准备教师招聘考试，我遇到了很多的困难。于是，我开始向珠三角的同学咨询，一般都考些什么。我生性愚钝，我知道我没有运气，开始拼了命准备：写独一无二的说课稿，钻研各种课型……

对于即兴答辩，是我的弱项。我就从网上把评委可能提问到的问题一一记下来，并且用笔一一写下对每个问题属于自己的思考，再整理通顺背诵下来。评委老师问的问题，尽管不是我已经准备过的问题，但我能从准备的内容中迅速调动素材，快速整理答案。

还有"才艺表演"这个环节，我用文言文，结合顺德当地特色，表演了一个具有人文关怀的"天气预报"……

也许准备招考的这一年，是我最辛苦的一年。这一年，我几乎与世隔绝，天天各种练习与自我鼓励。累了，我看天空，读诗，在深夜跑步。谢谢评委们的肯定，让我顺利地成为一名中学教师。因为这条道路来之不易，所以再苦再累我都没有动摇过一辈子当老师的想法。这次听了周小华老师的课程，我在无数个深夜追问自己：我是谁？有一天，你希望什么能引以为自豪？当我坐在轮椅上，我会不会留下什么遗憾？

我觉得：胸中要有一棵大树，否则就会杂草丛生。

苦与甘：我的读书路

海子说过："要有最朴素的生活和最遥远的梦想，即使明天天寒地冻，山高水远，路远马亡。"也许是毕业了几年，我每天看着时间从指缝里就这样溜走，面对滔天巨浪，浩瀚的宇宙，人的生命真的很脆弱，我感觉到瞬间的巨变，时间的残酷无情。我必须不断向前，一天比一天做得更好，否则就会空虚和死亡。

从去年起，我开始真正地写"行事历"。其实这个决定是受央视《24小时》《新闻调查》栏目的记者的影响。当我开始认真地并且用行动去践行我的计划和时间的时候，我发现我充实多了。每个月都可以进行小结，这样下来，一个厚重的本子记录着自己成长的行动、吃苦、坚持。

李海林老师说："读书确实是一剂最有效的药，它的确能医治人生的痛苦和迷惘。"如果有一天下班没有读书，我就会有一种很空虚的感觉，一种"犯罪"的感觉，觉得自己浪费了时间。无论在哪里，我都要带上一本书。为此，我还把人民文学出版社的《红楼梦》裁剪装订成六本，放在包包里随身携带，放在床边成为我的床头书。也买了几个《红楼梦》的版本。当然，最让我受益匪浅的是台湾"蒋勋"大师讲红楼梦。我上过他的课程，因为蒋勋那带有磁性的声音，他的书更适合听，他是最紧扣文本和生活来讲《红楼梦》的。我在做家务，在走路，都可以把时间利用起来听蒋勋娓娓道来。

《红楼梦》今年我已读了三次，五月份开启今年的第四次。除此之外，今年我已经读了白先勇的《台北人》、高尔基的《童年》、严歌苓的《扶桑》、沈从文的《从文自传》、加西亚·马尔克斯的《百年孤独》《霍乱时期的爱情》等等。每一本我都认真地圈点勾画。当然，我觉得我读得还不够深刻。周老师讲《有意义的阅读，阅赏读书之美》我的感触最深，确实要建构属于自己的阅读体系。

之前我觉得自己读得不深刻，为这个问题苦恼了很久，还专门回文学院拜访恩师。不过，今年我有一些新的思考。黑格尔说过，所谓的常识，往往不过是时代的偏见。要超越这个时代的偏见，唯一的办法就是阅读。阅读经典的著作，才足以谈独立思考的能力。我经常告诫自己：切勿轻浮！切勿走马观花！寒假，我读了普鲁斯特的《追忆似水年华》，忽然之间，好像时间紧迫起来。生命流逝，本身变成了一件可怕的事。普鲁斯特那些既丰富又深邃的独特的感受，令人感同身受。如果不读书，不思考，就再也没有精神生活了，精神一天天走下坡路，一天天贫乏……当自己有了一个小小的书房，我开始和同事们谈书，借给同事们书籍。那些伟大的名家经典著作，全部是真理，康德说的是真理，苏格拉底说的是真理，孔子说的是真理，老子说的是真理……

当然，未经审视和审察的人生，是不值得一过的。我在语文教学这一领域看的书比较少，只读了窦桂梅、钱梦龙、李海林、韩军、于漪、韩军等人的著作。最近正读周老师推荐的王君的大作……

仍有梦：构建艺术的汉语课堂

这是个梦想奢侈的年代！我希望语文课，在教会学生听说读写能力的同时，成为一门艺术，一门高雅的艺术：

她应当可以有思辨，不同观点的碰撞。

她应当可以有书法，有鉴赏汉语言文字之美。

她应当有声音的传递，传递千年的古国文化，传递作品本真的情感。

她应当有音乐，或宛转悠扬，或激昂澎湃。

她应该有等待，等待一个生命的成长。

她应该有期望，期望一个生命走向真善美。

她应该像母亲的手，抚摸着你……

这个世界从不缺少想法，缺少的是行动。就像今天听了周老师给我们推荐蔡朝阳老师的视频，怎么去淡化和补充我们的教材，怎么给学生推荐更高雅的读物，怎样去萃取生命的精华。我与自身对照了一下，其实我一直在实践着。我今年带的初一（8）班总成绩居全级第一，每次班会课，我从不开"批斗大会"，我给学生讲扎哈·哈迪德（伊拉克的建筑学家，号称"女魔头"）、王澍（建筑界"普利兹奖"获得者，中国美术学院院长）、刘劲（一辈子演"周恩来总理"）、严歌苓、谭盾、莫言、赵季平（《水浒传》主题曲作曲人）、王潮歌（"印象"系列导演）等等。我发现，只有把学生引向更高的精神殿堂，我们才能走得更远。

课程结束了，思想还在路上。时间您慢点走，请等一等我的灵魂和脚步。我会一直在路上，虔诚地谢谢周老师！因为您，因为学生，我要成为更好的自己。

（顺德区北滘碧江中学　谢淑珊）

"一言堂"不是洪水猛兽

2017年3月24日上午,顺德区2016年中学语文新教师齐聚杏坛中学参加顺德区新教师培训。导师周小华老师在课堂上抛出了一个问题,即"何谓专业?"其间有一位学员谈到灌输(知识)这个话题,立马改口,笑着说,不是灌输。时下的教育似乎很避讳"一言堂""满堂灌",视之为洪水猛兽,新教师更是不敢越雷池一步。

"一言堂""满堂灌"是不是洪水猛兽我不敢妄下定论。退一步讲,即便其果为洪水猛兽,真百害而无一利?猛兽并非总害人,良禽未必皆有利。"虐人害物即豺狼,何必钩牙锯齿食人肉。"笔者从自身经历来谈一谈对"一言堂""满堂灌"的个人看法,就教于大方之家。

以个人课堂教学为案例,笔者先在高一(6)班讲授柳永《雨霖铃》,介绍完创作背景之后,笔者开始解读文本。先让全班同学齐读一遍《雨霖铃》,之后抛出一个问题,即送别诗的一般写作规律。学生均能答出,先进行一番景物描写渲染离别气氛,而后抒发离别情感。那这个一般规律运用到柳永的《雨霖铃》这个个例中又是否合适呢?于是我让同学们带着这个问题再次齐读《雨霖铃》。读完之后,同学都回答《雨霖铃》也是先描写景物,渲染气氛,而后抒发离愁别绪。笔者因势就时提问全班景物描写写出了什么?随后有同学答出时间、地点。我再次提问:"有没有天气?"学生回答有,"骤雨初歇";"有没有心情?"学生回答说有,"都门帐饮无绪"。

雨霖铃（上阕，柳永）：

寒蝉凄切，对长亭晚，骤雨初歇。都门帐饮无绪，留恋处，兰舟催发。执手相看泪眼，竟无语凝噎。念去去，千里烟波，暮霭沉沉楚天阔。

随后笔者开始解读文本。离别之际，总是使人无比惆怅，柳永也不例外。离别是引发柳永"无绪"的主要原因，而非唯一原因。同学们跟着我一起看"寒蝉凄切，对长亭晚，骤雨初歇"。蝉是一种怎样的生物？是一种生活在仲夏之际的生物，其声凄切，生命短促，闻其声使人踌躇。"寒蝉凄切"，气候渐凉，寒意侵袭，秋之将至，忽而岁暮，寒蝉将亡，岁月易逝。这无不使人幽怨满怀，心生感慨。十里相送，不知不觉已到长亭。再往前走也是徒增伤悲，终有一别，长亭之外还有长亭，送行之时必有分离。一程又一程，分别总是注定的。你看，这长亭不正对我诉说，罢了罢了，就此别过吧。长亭是离人送别的终点，是儿女各奔东西的起点。时候渐晚，夜幕降临，莫误了赶路前行。渐渐西下的斜阳，迎面吹来的晚风，似乎都在劝说离人赶紧分别。视觉上的暗，触觉上的凉，无法逃避的感官知觉，催促歧路的儿女，分别吧。早就该分别了，若不是刚刚那一场骤雨，兴许我们这会儿早已分离。现在"骤雨初歇"，该启程了，船夫在喊着，走咯，催着，启程。雨后的天气阴冷潮湿，更增添了离别的凄凉。雨后的地面泥泞难行，前路漫漫，坎坷崎岖。想到这里，心生苦楚，想要借酒消愁，想要把酒言欢，却不料愁上加愁。往日的浅斟低唱，浮名尽弃，亦不足惜。你我依依不舍，船夫又在催促。看来是到了分别的时候了。身边所见、所感、所听、所闻，莫不敦促分离。手握着手，互相看着泪眼阑珊的对方，一句话也说不出来。话到嘴边，声音留在咽喉，泪泗横流。

解读完之后，下课的铃声响起，同学们并没有像往常一样立马收拾书包飞奔饭堂。而是同桌之间手拉手，教室里面一片抽泣，说着，"好感人啊，我不想分离"。而此时的我心情十分舒畅，我知道我刚刚的"表演"酣畅淋漓，学生也置身其境。《雨霖铃》上阕的解读融入我抒情的细腻的讲解之中，并没有提问题引导学生思考，也没有小组合作探究及展示,算得上是"一言堂",但我成功地创设了情境,将诗歌教学与美育结合在一起。学生不能说没有收获,不能说印象不深刻。

当天下午,我又在高一(5)班上了这节课。与"一言堂"创设情境不同,我采用了教师引导和学生自主探究的方式来上课。我让学生自主分析景物描写影射的作者情感。学生首先找到"骤雨初歇",骤雨新停,兰舟催发,营造了凄凉的氛围。随后学生欲往"执手相看泪眼",我一看情况不妙,一则此非景物描写,又与笔者预设偏差太远,于是引导学生分析"寒蝉凄切,对长亭晚"。寒蝉,凄切;长亭,送别。索然无味,毫无美感可言。

连贯的语义、完整的画面、流淌的情感,惨遭肢解,无奈破碎。学生学到的是意象含指的情感。换句话说,相同的意象、类似的意境,如果出现在其他唐诗宋词篇目中,我们也可以推断出其所含指的情感,如此跟我们有没有学过《雨霖铃》似乎没有太大关系。《雨霖铃》只能成为一堆代指情感的文字符号,而不是透过纸背,感受词人流淌的激情。教育难道不是"春风化雨"?不是"润物无声"?这股"春风"不是学生的纸扇吹出来的"人造风",而是教师运用个人专业素养"借东风"以润万物于潜移默化。

"一言堂"是不是洪水猛兽我不知道,我只知道我们不能谈及"一言堂"就"色变"。这对新教师不是一个正确的引导,甚至有点儿误导。就像周小华老师说的,新教师的职业发展存在着诸多的可能性,时下的教育理念不能扼杀诸多可能性于摇篮。"三十年河东,三十年河西""各领风骚数百年",谁知道未来呢?谁能评判当下孰是孰非?

猛兽时时在,敢于吃螃蟹
——再议满堂灌之于语文课堂教学

王勃《滕王阁序》中说:"请洒潘江,各倾陆海云尔!""陆海潘江"出自钟嵘《诗品》:"余常言陆才如海,潘才如江。"今用以比喻学识渊博,才华横溢的人。江海浩瀚,因势导之,亦可化而为涓涓细流,润泽万物；不得其法，则成洪水，犹如猛兽。江海依然是江海，利弊由人，由此可见，祸在萧墙之内。江海之大，尚且灌溉原野，哺育生灵。才不及陆海，华不过潘江，一堂之内，竟惴惴不安，时时畏惧灌输。

洪水犹如猛兽，猛兽往往而是，时时都有。刺而杀之，抑或者驯而服之？教学过程中，教师多讲一点不是，少讲一点儿又非，战战兢兢，如临深渊，如履薄冰。不能因此就说，教师不可多讲，教师不能少讲。猛兽常在，处处雷池。我们能做的只有谨小慎微，不抛不弃，追求游刃有余，直面困难，敢吃螃蟹。

满堂灌之于语文课堂教学，吾意可也。

其一，没有深厚的学识，如何能够于课堂上潇洒自如，侃侃而谈？而深厚的学识，是作为一个语文老师重要的专业素养。满堂灌的前提是，这个老师对于所讲知识储备丰富，如此，星汉灿烂，日月之行，娓娓道来。

其二，对既有知识、现成储备的推导探究意义价值如何？人类文明发展至今，储备了大量的知识，这些知识对于人类来讲，是既有知识，现成储备，对一个个学生而言，又属于新知识。这些新知识的传授，授之以渔，还是直接授之以鱼？在人类文明中游走的鱼儿数不胜数，渔之不尽。既要授之以鱼，又要授之以渔。

其三，学生参与课堂的方式有显性的、隐性的。例如小组合作就是显性的参与方式；而老师讲，学生听，引发学生思考，这是一种隐性的参与方式。在这里我不是说小组合作学生不思考，而是说，直观的冲击给人造成的感觉极易让我们产生误判，那便是不合作就看不出思考。

满堂灌作为一种教学方法，应该受到应有的礼遇，而不应该树立为鞭挞的对象。例如在《史记·西门豹列传》："引河水灌民田。"中"灌"就是"浇""灌溉"的意思；在"秋水时至，百川灌河"（《庄子·秋水》）中还有"流注"的意思。教育倡导春风化雨，然春风难求，东风难借，辅之以人力，引导灌溉，木亦可成材。那么"满堂灌"不也是正常么？

润物无声？润物一定要无声无息？大气磅礴，一泻千里，慷慨激昂，英勇澎湃也是一种雄壮美。满堂灌在今天看来是学生不想喝，老师硬要灌。敢问这是灌之过，还是喝的东西之过？老师调配的是毒药呢还是鸡汤呢？若是毒药，谁能一饮而尽？学生喜欢喝什么，老师给他调什么就是了。灌又何辜！

（顺德区青云中学　陶勇楷）

辑五　憧憬与希冀

让自己成为一汪活泉

踏入工作岗位的第一年，繁忙的适应性工作中常规的培训必不可少。然而，繁多的培

训与学习，要么针对性不强，所有老师都可以听，但是得到的却只是浮于表面的普泛概念；要么就是专业性太强，对于新老师来说这是学习的好机会，却有心无力不得法门。所以，一次完整的、成体系的，同时又是循序渐进、步步深入的入职培训对我们来说是非常珍贵的，作为新教师，这是第一次，作为教师，这也是一生唯一的一次。

一个多月时间，五次课程设置，更多自我反思。这次新教师课堂教学技能培训带给我的，每次都有不同的收获、不同的积累。在这些收获和积累下，凝聚成一个全新的自我。

循序渐进的传道授业

知识的内化——在这里，有必要对课程内容进行一次梳理。这是在课程之后学习者的二次归纳与独立理解。正是在这些的积累下，才能"因地制宜"地得到自己的看法，辅助自己的工作。

第一次课程我们被领入了教师专业成长的大门：要养成学生怎样的素质、要教授学生怎样的知识、要积极成为怎样的教师。这节课围绕着何为知识之道、何为教师之道。在语文核心素养建构的新背景和新要求下，如何培养学生的语文学习能力，如何培养学生的语文核心素养——语言建构与运用、思维发展与提升、审美鉴赏与创造和文化传承与理

解。在学生素养培育的过程中，我们所传授的知识、提出的问题是否成了为设计而设计、为教授而教授的伪知识与伪问题？启发于此，我们要警惕它们的出现，做一个懂得在新时代背景下，培养符合人的发展、符合时代发展、拥有"核心素养"的人才的教师。

于书本中给学生以知识关怀、于生活中给学生以心灵关怀、于思想中给学生以人文关怀。当周小华老师以"为师之道的三境界"来概括教师的几个层次时，教师、学生、知识这三个主体有机地呈现出一个完整的系统，三者看似相互独立却层层关联。第一次课程就以几个小问题让我们看到了语文教学世界的全貌，大框架下也有小问题的启发、引导和穿插，这样以小见大、窥一斑以见全豹的课堂何尝不是我们的追求。

第二次课程赋予了教师这一群体以人文的温度与力量。如何成为一名鲜活的、有温度的、有思辨力的教师？如何让自己的课堂有广度有深度，让自己的教学生涯尽可能扩宽、延长？这样的温度与力量要从阅读中索取、从书中索取。书中宇宙的庞大尽显人类的渺小，然而作为语文教师，却也有这样的幸运——当你凝望宇宙，宇宙也在凝望着你；当你深感自己知识的浅陋与内涵的贫乏，你才能从这穿越生命的书系之中获取前进的火种。

这次课程，让我聆听后颇为惭愧，惭愧于自己阅读面的狭窄，惭愧于自己角色转换的迟钝，惭愧于无意识的惰性及懒散。听过这么一句话"你阅读的书决定了你成为一个什么样的人"。阅读作为提升自己的重要手段却常常在看似繁忙的日常工作中被埋没，被遗忘，被牺牲。作为老师，常常告诫学生读书乃一件大事，要常读书，爱读书，会读书。言行不一的教师难道不是"言传身教"之"言传"存而"身教"亡？作为一名中文系毕业的学生，作为一名语文老师，牺牲阅读何异于涸泽而渔。

第三次课程最能给教师带来成就感和愉悦感，即挖掘课堂教学艺术的亮点与精髓——思辨力。"一生二、二生三、三生万物"，本次课堂，也在思辨力这一关键词的引导下，由教学的增删、进出、收放、内外、点面、多少、取舍、动静这八个相反相成的教学智慧所串联，把课堂教学的魅力展现在眼前。

如果说第二次课程是丰富易感的，第三次课程是严谨理性的，那么第四次课程则是扎实实用的。"初闻不知曲中意，再听已是曲中人。"新老师对于如何观课和评课都是在一点点摸索中踉跄前行，不得其法不知其门，忽然间却发现，听课时巨大的时间消耗本来是可以转化为自己课堂的有效运用，然而现实却并非如此，"已是曲中人"后却只能感叹时间易逝、机会不再。这是何等的伤感。这节课的难得便在于，促使我们明白应该怎样了解课堂，认识课堂，评价课堂，从而融入课堂，以一节课去升华一节课，再扩展到每一节课。

步步深入的释疑解惑

韩愈对于老师的定义在于"传道授业解惑"。将近两个月的课程不仅仅教授的是语文教学的整体架构和具体技能方法，更多地释解了我的疑问，解答了我的疑惑。

成为一名会思考、会追问的老师。在授课的过程中，有一个细节让我尤其注意，周小华老师说，要在课堂中学会等待、接受学生片刻的安静，这是他们思考的宝贵时间，甚至超越了教师讲授的价值。普通的课堂教学中，教师追求的是学生们积极的反应、热烈的讨论，追求的是师生间良好的互动，却十分"害怕"出现安静。周小华老师的话真实触碰到了我们这些新教师，甚至是一些颇有教龄的老教师心中的痛处——由于对课堂缺乏自信，对学生缺乏信任，使得学习中非常重要的"思考"环节被无意或者故意忽视。

现在的我犹记得一句话——"学生什么都懂，回答什么都快都对，氛围如此热烈的课堂究竟为什么要上这节课？"接受不完美的课堂、不完美的回答，其实就是接受不完美的自己。然而，一个不完美的教育者其实才是鲜活的、有生命力的教育者。如今，在繁忙的工作之中，我常常会思考自己是否成为一名只注重形式的完美，却缺乏对教育本身的关注的教师。当我们使得自己的课堂像精密的仪器组合安装在一起，所有的零件构造都按部就班不出意外地完成自己的使命、行走自己的步骤，那么，这节看似"专业化"的课堂实际隐藏的却是"反专业化"的内核，它缺失了探求一个教师意义的过程，缺失了探求教育的真、善、美的过程。

从这个问题引申去看"教师专业化"成长这个名词，如果教师的成长仅仅只看这些所谓的"专业化"，而不看"人"，那么我们只能成为培训下精密合格的"教学工具"，是能够随时被另一个经过"专业化"培训下的"教学工具"所替代的。不可否认的是，我自己的工作状态已经有向"工具化"转换的危险——我不清晰自己到底想培养出怎样的学生（这是我在第五节结业分享课听其他老师的分享中突然意识到的问题），在一个接一个的教学任务、学校事务、工作检查与规划中，我那不甚清晰的教育观被故意忽略，在工作上越来越上手、越来越熟练，内心却越来越空虚和无力。我想，这对一个新教师的成长而言是危险的。

而当我面对"你所做的是否符合你的教育观""你在课堂上究竟想让学生有何收获""每一天的时间过去，你是否离自己的专业理想更近了一步"这些追问时，我哑口无言，幸运的是，我在深陷这样的危险之前，有智者的引领与同伴的启迪，让我意识到"准工具化"的自己。前方的路还很长，对于新老师来说，繁重的教学和冗杂的事务是无可避免的，那么，如果将自己重新定位，将自己从只为完美地完成任务的误区中拉出来，认识到"专业化"背后的"人"的需求——既是成长的自己，也是成长的学生的需求，这才是破局的关键所在。

成为一名会行走的老师。"同伴效应"是教育行业的人都有所了解的学习心理。对于我们这群初入职场的新教师来说，走出自己的一片小天地，看一看与自己有着相似境况的伙伴是如何思考、如何表达，又是如何走好现在、如何规划未来，是一件机会难得却又十分必要的事情。

做一名会行走的老师，在我看来可以划分为两个层次，一个是"走出去"，要敢于改变自己"坐井观天"的满足与骄傲，到广阔的世界去看一看、走一走，去学习与汲取其他优秀教师的闪光点；另一个是"走回来"，我的所见所闻能否不仅仅停留在感触，而把它们转换为更深层的心得与收获，从而应用于自己的教学。

正如我在最后一节课上的分享所说，一年半的时间已经过去，即使曾经面对困难，现在仍处于困难之中，但我仍不忘我前行的初心，在为学生一生发展奠基的同时也为自我的发展奠基——我愿成为一汪活泉，汲取着充盈自己的汩汩泉流，既能护田绕绿，亦可源源不竭。"问渠那得清如许，为有源头活水来。"当我把自己的教学、把自己的成长看作是一个不断充盈的过程，课程的结束仅仅是一切的开始，成为一名会思考、会追问、会行走的老师，才是这次培训带给我的不竭的动力。

（顺德区第一中学　贾菁岚）

生命的洗礼

很多年前,有人对年轻人说,去吧,做语文教师吧,这是最简单的职业,任何人都能胜任。别怕,去吧。

多年以后,年轻人终于成了一名语文教师,却发现,事情并不如他所听到的那么简单。他开始恐慌,迷茫,找不到出路,终日忙碌却如同行尸走肉。

于是,年轻人决定上山修炼,寻求最真的答案。

做一位健康的语文人

第一天,师父问,对于人来说,什么最重要。

年轻人说是时间。他"晨兴理荒秽,月荷锄归"。时间如"黄河之水天上来,奔流到海不复回"。然而,手中的工作永不停歇,二十四小时的规划好像不太合理,可以的话,希望一天四十八小时。

师父问,你如此忙碌,必定大有收获,且分享一件最令你开心的事情。

年轻人沉吟片刻,说,当我收获掌声时,那便是最喜悦的时刻。

师父问,时间是宝贵的,假如给你一天四十八小时,你会如何规划?

年轻人说,那就太完美了。我可以利用三十六小时来工作,剩下十二小时来睡觉。老实说,这些年,为了工作,我几乎没合过眼。我实在是太累了。有一次,我去跑步,半圈下来,就已经跑不动了……

师父听着他滔滔不绝地讲述，面带微笑。

此刻，一童子风风火火地冲进来，扬了扬手中的报纸，冲他们大喊：师父，又一个老师累死在讲台上了，年仅二十七岁啊！

年轻人的话戛然而止。

师父问，现在，你觉得，对于一个人来说，什么最重要？

反思"书到用时方恨少"

第二天，月落柳梢，师父在松树下打坐。年轻人气喘吁吁地跑进来，满头大汗。

对不起，路上有事耽搁了。他连声道歉。

师父微笑，山中一日，世上已千年。

年轻人羞愧，满脸通红。

师父问，年轻人，你可曾思考，时间都到哪里去了？

年轻人思考片刻，说，对于每一个任务，我都要翻阅大量的书籍资料，斟酌字句，这必须花费大量时间。准备不充分，我绝对不轻易上讲台。我不愿意我的讲台变得苍白无力，也不愿意像个轻飘飘的气球飘在讲台上。那让我恐惧，羞愧难当。

师父问，那你可曾探求原因？

年轻人惭愧不已，说，书到用时方恨少。我常常用这句话来调侃学生，实则就是在嘲笑自己。当我的老师如同心中有座图书馆般信手拈来出口成章时，我不禁感慨：无知真可怕。然而，真正的无知，并不在于缺乏知识，而在于作为一个语文老师，连国学经典都不曾翻阅几本，却站上讲台来传播中华文化知识，这种不自知才是真正的无知。孔子言，士不可以不弘毅，任重而道远，仁以为己任，不亦重乎，死而后已，不亦远乎。真正的语文人就是"士"，而弘扬中华文化精神便是"仁"，这是一项伟大的事业。一个不具备语文人素养的人站上讲台，那简直是对讲台的亵渎。

师父想了想，捋了捋长长的白胡子，说，年轻人，现在，你有两条路，一是另觅出路，一是付出更多的时间和经历来修筑这条道路。而这条路正如你所说的，任重而道远。年轻人，你热爱这个职业吗？它是你的谋生工具还是你衷心热爱的事业？

思考：语文教什么？

第三天，年轻人比预料的时间还要早一个小时。他站在悬崖边上那棵古老的松树下已经很久了。悬崖边上烟雾迷蒙，深不可测。

师父走过来，说，尼采曾说过，当你凝视深渊的时候，深渊也在凝望你。这深渊是否回应了你的心声？

年轻人回答，我在思考，我究竟要成为一个怎么样的人。一个真正的语文人应具备的专业素养、专业精神，我仍在不断修炼。然而，路漫漫其修远兮。师父，语文作为人文学科，真的太难教了。师父，我在语文大课堂迷失了方向，语文，究竟教什么？

师父眯着眼睛，笑着说："听，说，读，写"。这是语文教学的四种境界，四境融会贯通。你能够参透其中奥妙，你便拥有驾驭语文课堂教学的能力。不管是小学或者初中，抑或是高中，听说读写能力贯穿文本教学，学生的语文能力在潜移默化中会得到提升。那么，贯穿四境的钥匙是什么？

年轻人回答，是思维。

师父说："对，语文教学对于学生的能力培养，最重要一点就是思维能力。这很重要。会思考，具备思辨能力，那才是真正的大写的'人'。首先，学会聆听，聆听的过程，要思考。然后，学会说，说的前提，必须经过思考。其次，学会读，朗读是基本技能，阅读是高级技能，这便是考验学生思辨能力的关键。最后，学会写，这是思维水平的最高体现。如果，你的课堂贯穿了四种能力训练，那么，学生思维的敏捷性、深刻性、创造性、灵活性、批判性等方面自然有所提升。思维敏捷的人，能够对突发事件迅速作出反应；思维深刻的人，能够透过现象看到本质，不被表面现象所迷惑；思维灵活的人，能够在遇到难题时，从不同角度考虑问题；思维批判性强的人，能够有自己的主见，不盲从。良好的思维品质和思维习惯，是一个人适应社会的"利器"，使他能够游刃有余地应对一切难题。这，正是你所需要教授给学生的。"

年轻人恍然，接着，他又问："可是，师父，我觉得每一篇课文都是经典，每一个知识点都很重要，我都很想传递给学生。可是，这样的话，我的课永远也讲不完。"

"不要忘记你设计课堂的初衷。课文与课文之间，单元与单元之间，甚至学科与学科之间，都是存在联系的，并不是孤立存在的个体。你要深度研读课文，发现它们的内在联系，抓住核心价值。你要记住，你要教给学生的是思考方式，而不是现成的答案。事物的正确答案不止一个，尤其是语文。因此，我们鼓励具有独立、自由精神的语文课堂。"师父说。

如何成为一个具备文学底蕴的语文人？

第四天，年轻人讲了一个故事。

年轻人今天来的时候，碰巧遇到了两三个结伴砍柴的樵夫。此时，日薄西山，

他们坐在树下乘凉休息。跟年轻人想象中不同的是，樵夫们在讨论"烂柯人"的典故。一个樵夫说，这故事揭示了沧海桑田的道理，教世人珍惜光阴。另一个则说，这故事揭示的是透过现象看本质的故事，切勿被眼前的虚幻迷失了方向。第三个说，非也非也，这故事揭示的是，棋道亦是道，道即真理，揭示的是贤者为追寻真理而到达了忘我境界，非我等凡夫俗子可及。三人各自听了后，都觉得对方甚有道理，大笑结伴而归。

师父轻摇羽扇，笑着说，那三人虽为樵夫，却颇好读书，经常结伴

进行辩论。

年轻人问:"那么,师父,动静结合,张弛有道的课堂,是高效课堂吗?"

师父点头,这也是考验一个语文老师的基本功。一个能够收放自如的语文教师必定是一个具备文学底蕴的语文人。他内在身后的功力已经外化为魄力,能教学生信服。

年轻人追问:"那么,师父,如何成为一个具有深厚文学底蕴的语文人?"

那自然是做有意义的阅读。"操千曲而后晓声,观千剑而后识器。"

读书要有高度,你会看得更远;读书还要有广度,你会懂得更多,这便是陶渊明说的"好读书,不求甚解";读书还要有深度,你便能透过现象看本质。构建属于自己的阅读体系吧,一个系统的、经典的、具有前瞻性的、能够穿透生命的阅读体系,形成你自己独特的专业精神,这是你所需要教给学生的人文内涵。这是语文教学的核心,构建学生的精神价值体系。那么,除却修炼你的文学素养之外,你还需要掌握课堂教学技巧,理应读读大师们的经典著作,王开岭、熊培云、魏勇等等,这些前辈会告诉你,如何在语文路上越走越远,越走越自信。师父语重心长地说。

可是,我的时间不够用啊。年轻人抱怨。

别抱怨时间够不够,而应该思考,你的时间是不是用对了。做对的事情远比把事情做好来得重要。师父意味深长地看了他一眼。

敏而好学,不耻下问

第五天,年轻人问,师父,我正在构思一篇文章,冥思苦想,终不可得。

师父问,且说来听听,为师与你探讨一二。

年轻人说,我师从于您,收获良多,欲作文记之,以表敬意。

师父挥挥手，为师不过山中一老朽，所言不过是人云亦云，不足为外人道也。

年轻人跪下来，叩谢师恩。

师父送年轻人下山，留了一些话给他：敏而好学，不耻下问。道阻且长，荆棘遍布，博学于文，厚积薄发。

与师父相处五天，生命洗礼，醍醐灌顶。

（顺德区容桂实验学校　吴瑜）

成为一名有驾驭能力的语文老师

2017年7月,我人生的角色发生了奇妙的变化,从一名学生,变成了一位老师;2017年8月,我见到了一群给我人生带来重大影响的人;2017年9月,我每天都能听到有人叫我"老师"。这个称呼的背后,有着让人无法想象的光荣与责任……

2018年4月,我接触到了一群与我并肩作战的同学。在这个大环境里,我感受到,老师真的无敌。因为要成为一名老师,需要具备的技能太多,除了个人的专业能力与品德素养,老师还要智慧地处理工作中的各种突发状况。我明白,自己与"无敌老师"相距甚远,但一个多月的培训与反躬自省,让我懂得了自己的努力方向:我要成为一位有驾驭能力的老师。

驾驭专业:只有静下心来阅读,才能懂得语文是什么

我的研究生专业是对外汉语方向的,平常看的也是关于对外汉语教学的书籍,从教以来,更是极少涉及语文教学方面的阅读。这五次培训,让我看到了我在知识方面的不足,也让我对于今后的阅读学习有了方向和目标。我要建构属于我自己的阅读体系,养成好的阅读习惯,不断提升自己的专业技能。

为备课而读书。朱永新老师曾说过,一个老师的专业,在一定程度上,就是他的专业阅读史。读书对老师是最好的备课。在我们的教学过

程中，每每与学生们聊到阅读与写作，我都要感谢曾经读过的书，它让我可以在学生面前畅聊文学之美，也让我可以从学生的眼神中收获崇拜与幸福。我们可以把阅读中得到的理解与体会应用到课堂中，与学生进行思想的碰撞与交流。

为自己而读书。阅读是洗涤心灵的事，本应是生活乐趣的一部分。对教师而言，阅读是生活的必需品，不仅在于教师比一般人善于学习，更在于教师在阅读中能获得精神的洗涤与熏陶，以此培养修为与脾性。当了老师以后，我的视野里，只有学生，出去旅游的机会少了，在家阅读的时间少了，恍然感觉自己的视野都变窄了。在这次培训的过程中，我看到了一群爱读书的小伙伴，他们的谈吐与才华，他们的智慧与见解，他们的淡定与从容，都让我无比羡慕。我知道，这是阅读的魅力。我将要利用一切可能的时间，安静地读书，用阅读把自己引入缤纷的世界。

驾驭课堂：创造有艺术思辨力的语文课堂

我的课堂风格是什么？幽默？严肃？有意义？单调？我想我自己也没弄清楚，原因就是我还没有形成一套属于自己的课堂教学风格。在新教师培训的过程中，我听到了一个词"艺术思辨"，这启发了我课堂教学风格的走向。我所理解的艺术思辨力，有两个方面：

第一，对于老师来说，有艺术思辨的课堂是可调控的课堂。就一堂课的教学内容而言，一堂课是有难有易，有深有浅的。如何调控，就得讲究难易相同，深浅适度，快慢得当。就教学情感而言，一堂课应该是能让学生有所触动的课，有浓有淡，有起有伏，情感不能太激烈，让学生无法自拔，也不能太平淡，让学生无动于衷。讲课时，要注意调控情感节奏，或热烈，或冷静；或愉悦，或悲愤；或悠闲，或紧张。在感情倾注上要起伏交替，浓淡相间。教学的高潮部分，感情倾注宜浓一点，其他部分，感情倾注则可淡一点。就课堂结构而言，学生主体，教师主导，双向活动调控时间有长有短，程序有先有后，节奏有松有紧。整堂课得讲究动静交替，讲练结合，手脑并用。就教学语言而言，要根据学生听课的心理和启发讲解的需要来调控，做到快慢交替，急缓相间，断续得当，强弱有度，使学生思维时刻保持竞技状态，以取得听课的最高效益。

第二，对于学生来说，有艺术思辨的课堂是可质疑的课堂。一堂好课，不能只是老师的"满堂灌"，更需要学生进行独立思考，有自己的学习体会。而"质疑"，是学生思考的表现。在讲《邓稼先》的时候，有学生问我，杨振宁这样赞扬邓稼先，他自己为什么不回国做贡献呢？在讲《最后一课》的时候，他们又问我，韩麦尔先生的最终结局怎么样，他英勇就义了吗……学生的思考与质疑使整个课堂的学习气氛变得更浓烈，虽然这可能会影响我的一些教学计划，但是学生的收获往往更多。

驾驭学生：成为学生人生的引路人

为师之道有"三境界"：一是精通本学科知识，能给学生以知识关怀；二是做一个教育、教学研究者，给学生以心灵关怀；三是做一个人文学者，给学生以人文关怀。一言以蔽之，以学生为主体。"驾驭学生"，这是对一位合格老师的基本要求。所谓"驾驭学生"，并非是要完全掌控学生，让他们跟着你的想法走，而是要充分地了解学生，关爱学生，陪伴学生，尊重学生，信任学生，期待学生。

只有充分了解学生，才能找到教学的切入点。学生的准备状态、思维导向、接受能力、知识需求等，都会影响到我们对于教学内容、教学形式、教学环节的取舍。而且，只有充分了解学生的学习状况，才能确定哪些知识点需要重点辅导，哪些可以略讲，以此来提高我们的教学效率。

尊重学生，不仅要尊重学生的思想与表达能力，也要尊重学生的水平差异。在具体的课堂教学中，我发现，有一些学生，他们很喜欢思考，一有问题，他们总有自己独特的想法。但是，他们的想法又往往与正确的答案南辕北辙。在这种情况下，切记随意否定学生的答案会让他们缺失思考问题的信心，我们应该学会用各种方法科学地引导学生进行理性的思考，培养他们科学而全面的阅读能力。

信任学生，期待学生。教师与学生的关系，就跟抓沙子一样，你抓得越紧，流失的沙子就越多。青少年阶段是学生生理与心理成长的关键期，他们的独立意识不断增强，所以会非常抗拒老师的约束与不信任。作为老师，要学会放平心态，用同等的高度与学生对话，尊重学生个性的发展，相信学生并对他们有所期待，给学生更多的时间、空间，更多的自主权，让他们在观察、思考、发现、创造中体验学习、生活的乐趣，形成良好的学习和生活习惯。比如我曾在讲解《木兰诗》的时候，让学生周末回家观看央视的《经典咏流传》，并上网查一查花木兰的相关知识。我本来对他们的课下学习不抱任何希望，可是后来在上课的时候，我发现很多学生都能认真完成任务并且有独到的见解。

驾驭情绪：优雅从容是你最美的气质

说起语文老师，我想大家的第一反应都是：优雅，有才华，有气质。可事实上，工作中的我总是难以控制自己的情绪，与语文老师该有的修为渐行渐远了。有时，是因为班主任的身份、班级的工作影响我的状态；有时，是因为教学中的"付出"与"收获"的不对等，我点燃了自己，而人家不需要照明。可是，在培训中，我听到了一句让我醒悟的话：你不可能一辈子做班主任，但你这辈子都是语文老师。是啊，既然是一位语文老师，就应该驾驭自己的情绪，培养语文老师该有的修为。

第一，让学生有尊重之心和敬畏之心。朱熹说："君子之心，常怀敬畏。"让学生对教师有发自内心的尊重意识和敬畏感。这是控制教师情绪的根本点。由于社会环境、家庭教育的影响，有些学生的尊师意识淡薄了一些，教师此时要意识到，学生的成长过程还很漫长，需要学会等待，等待他们的成长和成熟，需要有足够的耐心，无论如何，毕竟他们还是孩子。如果这样去想，心里就会平和许多，就能更加从容地面对一切。

第二，要有得体而精准的表达能力。语言是表达和交流思想的工具，是学好知识的基础。教师良好的语言表达能力是开展教育教学工作最重要的因素之一，它不仅直接影响着学生对知识的接受程度，直接影响着学生语言和思维的发展，也直接影响对学生的教育效果。教师较好的语言技能，可以帮助自己更好地完成教学任务、实现教学目标，达到更好的教育教学效果。教师犹如一名演员，表演要到位，努力做到用词精练，言之有物，吐字清晰，生动活泼，富有感染力。这样才能真正触动学生的心灵世界，达到师生良好的沟通，融洽师生关系。

第三，有恰到好处的幽默感。海特说："幽默是一个好教师最优秀的品质之一。"教师为学生传道授业解惑，他们的一言一行以及表情变化，都影响学生的情绪。如果教师富有幽默感，课堂内外都表现出轻松乐观的情绪，学生的精神也会跟着放松，行为举止都会轻松活泼。反之，教师严肃刻板，学生会敬而远之，情绪低落。

不要"跪着"教书，不要让情绪左右你的修养，要做一名优雅而有责任感，阳光而有幽默感，得体而有表达力的语文老师。

"捧着一颗心，不带半根草去"，教师是光荣的职业。现在的我，刚刚踏入教师这个职业，想成为一名真正有驾驭能力的老师，"路漫漫其修远兮，吾将上下而求索。"

（广东实验中学顺德学校　周寒）

春花无数，毕竟何如秋实

踏出教坛大半年来，繁忙地工作却得不到预期的收效，走入"乱花渐欲迷人眼"的迷雾中，找不到自身存在的价值。我每天都会问自己，我的初衷究竟是什么？我不停地回顾自己当初做学生的经历，追忆自己老师们的做法。然而，时代渐行渐远，底下坐着的早已不是那一班学生了。

在学校里，平静的教学下潜藏的是激烈碰撞的思想，我虽苦但不敢妄言。参加新教师培训以来，见到了同行，正是"且将新火试新茶，诗酒趁年华"的年纪，就像找到了知音，恨不得将心事倾筐倒箧地说出来。更让我惊喜的是，主讲杏中的周校长，风度翩翩，让人如沐春风。他总是以幽默的言辞用讲故事的方式将理念和方法传递给我们。引经据典，可见其功底之深厚；高屋建瓴，可见其视野之开阔。我认为一个好的老师，正如周老师一样，想学生所想，也能容学生所想；想学生之不敢想，也能容学生之不能想。以往在我心中，在讲台之上，我是学生的老师，在教坛之上，我是老师的学生。但周校长用实际行动教育了我："只有做学生的学生，才能做学生的先生。"

我认为这五场培训可以概括为"见贤""博学""授渔""笃行""争鸣"。

"见贤"——为促进教坛新人成长为教坛新秀，必须为其指明方向，明确专业素养、教育动态和最新思潮。

"博学"——在找到自己主攻的方向以后，更要拿出海纳百川的气度投入到读书学习之中。

"授渔"——闭门造车的后果就是故步自封，好的方法省却了很多弯路，学会观课是"取其精华，去其糟粕"的准备。

"笃行"——"纸上得来终觉浅，绝知此事要躬行"，两位授课老师和他们的学生给我上了一堂宝贵的课程。我在课程中看到了自己，也仿佛看到了我的学生。

"争鸣"——心声在交流中流露，思维在争辩中碰撞。比起溢美，大家表露困惑、表露批评，最后又能和谐地共融，实在让人畅快淋漓。

周校长关于课堂和课程的论说引发了我许多思考。我结合我教育教学的经验，谈谈个人一点不成熟的看法吧。

人间何处不巉岩

如果说"小学生抢着开口，初中生勉强开口，高中生死不开口"描绘的场景极尽夸张，那毫不夸张地说大学更让人如坐针毡，恨不得夺门而去。但我深深记得，我逃了自己老师的课是为了听陈一平老师的课。陈老师讲陶渊明，让我感到我不是在明亮而整齐的教室，而是时而在开阔的田野，时而在幽邃的乡间小路，时而在辽远的南山。他的话语牵动我的情绪，让我随之喜悲，听已知的知识，依旧如小学生一般惊叹。听他的课，没有花哨的技巧和多变的形式，但我是快乐的，也是自由的。时隔两年，当我回忆起那堂课，我并没有记住什么，只是每次翻阅陶渊明的文稿，我都会想起那节课带给我的感动。

于我而言，那节课教会我的不是知识，而是想象的能力。幸而"优生"一点就通，逼仄的教室无法阻挡他们求知的渴望，然而可悲的是，学习的"一般生"早早地淹没于日复一日的练习、考试，无暇思考自身的发展。学生们有理由怀疑，我们是为自己的目的而强迫他们成功，我们不过是为了自己有一个好的工作记录而已。

修其本而末自应

内尔·诺丁斯在《学会关心：教育的另一种模式》一书中说，"活着的人永远比任何理论重要"。每当有一个时髦的理论出来，教育的钟摆就会这样从一个方向转向另一个方向。在这个过程中，我们把旧的实践全盘否定，不管那里有没有好的东西。

她又说："在试图找到一种最佳学习方法的过程中，教师和学生变成实验室里的实验者与被实验者。教师、学生、师生关系这三者与成功的教学没有关系，成功的教学本身成为学校教育的首要目的。"我们本身不是目的，而是工具，这实在是很可悲的一件事情。

卢梭在《论科学与艺术》一书中讲："从我们童年时候起，人们就拿一些毫无意义的东西来教我们，虽把我们教得外表看起来很机灵，但却败坏了我们的判断能力。"

他在教育小说《爱弥儿》中说"爱弥儿的知识不多，但他所有的知识都真正是属于他自己的，而且其中没有一样是一知半解的。他心思开朗，头脑聪敏，能够临机应变。现在正如蒙台涅所说的，他虽然不是一个学识渊博的人，但至少是一个善于学习的人。"

到了青春期，学生的世界观和人生观还未形成的时候，老师正可利用这段时间转移爱弥儿的注意力，使他把他的心用在关怀穷苦的人们、观察社会上不平等的现象和不公正的事情上，在他的心中播撒正义的种子。老师给爱弥儿看的第一本书是《鲁宾孙漂流记》，要他直观地感受人的力量和如何控制人的力量，让他懂得节制的道理。

爱弥儿知识教育的一个根本原则是有用。这有什么好处是爱弥儿经常提的一个问题。只要抓住根本，末梢的问题自然就容易解决。教育是为了人的发展，再以人的发展促进社会的发展。

博观而约取，厚积而薄发

语文教育的目的与价值是培养"善于运用国文这一种工具来应付生活的普通公民。"而不是培养"善于运用国文这一种工具来应付考试的普通公民"。语文课程的基本目标："养成阅读书籍的习惯，培植欣赏文学的能力，训练写作文章的技能"。从这一点来看，"精读是主体，略读只是补充。但是就结果而言，精读是准备，略读才是应用。"

他还说"现在高中与大学的入学考试，国文题目往往有很不适合投考学生的经验与思想的，是事实。然而这是高中与大学方面的不对，他们应当改善。为了他们的不对，却花费了初中高中来练习作文的全部功夫去迁就他们，这成什么话呢？"说实话，语文考试中除了识记考查的部分，阅读的答案也可以有套路可循。如果为了顺应考试的需要，老师教套路，学生学套路，那么语文就变成了流水线作业，出来的都是千篇一律的答案，也就是同一种思维模式，对学生的成长是很不利的。

所以他主张"我不怕多费学生的心力，我要他们试读，试讲，试做探究，试做实习，做许多的工作，比仅仅听讲多得多，我要教他们处于主动的地位……我只给他们纠正，给他们补充，替他们分析和综合。"叶圣陶先生说，文艺作品往往不是倾筐倒箧地说出来的，说出来的只是一部分罢了，还有一部分所谓言外之意，弦外之音，没有说出来，必须驱使我们的想象，才能够领会它。

正如夏丏尊先生说，看到"新绿"就会感到希望、自然的化工、少年的气丐等等说不尽的旨趣，看到"落叶"就会感到无常、寂寥等等说不尽的意味。真的生活真的文学也是如此。

就"小学生抢着开口，初中生勉强开口，高中生死不开口"这一问题，如果我们把惯用的答问式训练改为适合高中学生思想、生活和心理特征的情景设计训练，使他们真正"内面有所产生"而又急切地要向外发表，那么他们也会抢着开口，"说五分钟连续的话"。"人之初，性本善，性相近，习相远。苟不教，性乃迁，教之道，贵以专。"如果能持之以恒地锻炼他们说话的能力，长此以往，学生就会变得会说，至少是敢说。

毕竟何如秋实

我观课，也在反观自身。学员评课，我也不断反省自己。林老师略微凌乱的板书让我想到我也曾如此随便地应付。两位教师都将本课定位为梳理字词并通过重点语句体会作者的感情。在处理上，都以提问加深学生对重点字词的印象。在体会作者感情方面，则采用讲故事的方式，将刘禹锡的生平娓娓道来。叶老师在梳理字词的把握上更好，而林老师"当一回刘禹锡"的设计则十分巧妙地将学生心理与文意理解结合起来。但对疑难字词和类比手法，除了记住了解释，估计学生还是不能真正理解的。

周老师说，文学是灵魂的舞蹈。他曾谈到自己在农村初中读书的经历，下午放学时喇叭播放自己写的诗《诗的年龄和诗的心》，让他感到人生的美好与甜蜜。他还谈到没有思想就是在做机械运动，不要让自己的思想变成别人的跑马场。

周老师说，面对瞬息万变的信息时代，无深厚的学识不能站稳讲台，他以自己手机里上千本书籍告诉我们，做一个语文老师需要不断地学习。我在大学里，老师最常讲的一句话是，"你给学生一碗水，自己起码得有一桶水"。

希望经历了这些日子的培训，向周老师学习，爱上故事，爱上讲故事，爱上写故事，尊重学生的思维起点，尊重学生的生命体验，朝着叶澜先生的"扎实、充实、丰实、平实、真实"的课堂不断地努力！

春花无数，毕竟何如秋实！我热切地期盼，不久的将来，我的杏园也会春华秋实！

（顺德区潘祥初级中学　苏颖）

耐心修炼，静待花开

从小，我就在心里播下一粒种子，一粒会开出教师之花的种子。历经寒窗十六余载，它终于冲破了泥土，结出玲珑小巧的花苞儿。这时的它，充满了向上的力量，期待在汲取天地之精华，努力修炼后，能绽放出绚丽夺目的花。初登讲坛的我，如同一个花苞儿，有着一颗奋发向上的心，期待在时间和实践中不断修炼，成为一名合格的进而优秀的教师，散发出具有个性特色的花香。

然而，理想是肥沃的，现实是贫瘠的。工作一个学期下来，我发现自己空有一颗火热的心和不怕劳累的身躯，却没有具体的方法、理论支撑实践，或者可以说是在实践过程中，屡屡遭挫。不管是班主任工作抑或语文教学，我都深感茫然无力。正当迷惘之际，我迎来了顺德区中学语文新教师课堂教学技能培训，遇见了如阳光雨露般的周小华老师，浇灌着我们这些花苞儿，提供了丰富的养料。那是一种"困于深山，见有小口，仿佛若有光，便从口入，初极狭，才通人。复行数十步，豁然开朗"，眼前一片花海，阵阵飘香的感觉。

周老师所讲的内容，是一个新教师修炼成长的秘诀。培训首先从十个关键词——视野、底蕴、修为、情趣、语言力、驾驭力、阅读力、写作力、理论力、统整力来阐述如何做一名有专业尊严的教师；其次是凝望书中宇宙，推荐了许多有用好用的书籍，让我们悦享读书之美的同时，提升个人的综合素养；第三是语文课堂教学的艺术思辨，通过增补删减、能进能出、收放自如、内外兼收、点面结合、似少实多、取舍之道、动静结合来实现课堂上如何呈现批判性思维，成就一堂优秀的好课;第四是让我们明白"操千曲而后晓声,观千剑而后识器"的道理,学习系统有效地观课,在观课中提升自己的专业能力;最后众学员将自己的独门秘方与思想进行交流汇报,绽放各自精彩,激荡彼此心灵。五次培训,收获满满,如阳光般驱散了我新教师修炼之路上的迷雾,我将永远铭记。

每一次培训结束,我都陷入深深的困惑与反思之中,却又乐于去发现不足和反思自我,也许是因为有了具体的方法指导,而有种"不畏浮云遮望眼"的感觉吧。

闭上眼睛,脑海里浮现的尽是自己围绕着班级转动的忙碌身影。细想,每天感觉自己更多的是被困于班主任事务之中,而语文教学这一块确实大打折扣了。要想成为一名有专业尊严的教师,首先我要明确自己是一名语文老师,其次才是班主任。有位老师跟我说过:"你不可能一辈子都做班主任,但你却很有可能一辈子都是语文老师。"的确,站稳讲台对一个教师来说,太重要了。于是我开启了语文教师的修炼大门,将时间更多地分配到专业上的研究和学习,一改以往专唱班主任的曲风。因为我发现,课上得好,深受学生喜欢,是有助于班主任工作的开展的。但初生牛犊,尚未佩妥剑,何以战江湖?

语文教师的内功是在阅读中修炼的。不管是要扩大视野、拥有底蕴、锻造修为、富有情趣;还是想具备较强的语言力、驾驭力、阅读力、写作力、理论力、统整力,皆源于阅读。

还记得大学时光里的我,偏爱文学作品;工作后的我,却因各种繁琐碎事而甚少阅读。只阅读一类书籍或缺少知识的补给,容易造成"营养不良"。一个"营养不良"的教师,难以培养出一群精神健壮的学生。然书犹药也,善读之可以医愚。于是根据周老师的书单,近期的我为自己拟了三类"药方":语文专业类的如王荣生的语文教育丛书,从中明白语文老师要从教材实际出发,做好增补删减与取舍之道,选择恰当的教学切入点,点面结合,激发学生的好奇心和求知欲,在发现问题、解决问题的过程中,使大脑皮层处于健康的兴奋状态,带着学生在文本中走进走出，打磨课堂中的各个细节，从而提高学生的赏析、阅读、写作的能力，提升自己的教学技能。又如孙绍振的《名作细读》，对于文本解读，我时常不知从何分析起，于此书中寻得路径，文本可从矛盾法（找出文章中隐藏着的矛盾点）、还原法（艺术感觉、情感逻辑、审美价值的还原）、比较法（应该怎么写和不应该怎么写，同人比较与同文比较）进行解读，且懂得了教参不是权威，每个教师可以根据自身的体验，有理有据地重新解读课文，从多角度多方面思考。班主任类的如万玮的《班主任兵法》，它主要以案例的形式，巧妙地把中国古代或近代兵法融入班级管理实践中。从诙谐生动的言语记述的万玮老师在担任班主任期间与学生之间"斗智斗勇"的教育故事中，我看到了他的机智、幽默、冷静、果断，也学会了许多可操作性较强的方法，让我对自己的班级管理深受启发。其他类的如《孔子是怎样炼成的》，"在中国历史上，有一个人，一生坚持真理，虽四处碰壁，却不放弃。经过艰辛的人生历程，他最终使自己从一个普通人，成为圣人，成为万世师表。"阅读此书不仅丰富了我对孔子的认识，可以在讲课时传递给学生孔子的思想，同时也激励着我在教师道路上勇往直前。又如《青少年发展心理学》，作为一名教师，教育学、心理学的书籍是必须要阅读的，增强自己的理论知识，运用于实践中才能运筹帷幄，拉近与学生的距离。在语文教学设计中懂得抓住学生的心理，课堂将会别开生面，绽放异彩。在班主任工作中，懂得学生心理发展规律，沟通交流更为有效。再如《风会记得一朵花的香》，品读丁立梅的散文，抿一口用音乐煮的文字，继而温润我干涸的写作笔杆。

尽管时间不那么充裕，但我却依然喜欢同时阅读不同的书籍。每每阅读都能发现新的问题，并进行研究和书写批注，有时也会与同伴交流探讨，思考这几本书存在联系的可能性。周老师说："源头活水从阅读写作中来，坚持研究，坚持阅读，坚持写作，一切贵在坚持。"对于读书已经产生了渴望感的我，能充分利用边角时间以及空闲时间进行阅读。希望我可以持之以恒，让身体欠缺的"维生素 A、B、C、D、E"

逐渐补上，让薄弱的内功日益渐增。

　　读书，是人生的积淀。修炼，不是立竿见影，而是厚积薄发。我认为，作为新教师，除了在阅读中修炼，模仿也是成长阶段中必不可少的。新教师先通过模仿，能够基本掌握系统的教学方法，然后将他人的东西结合自己的思考，整合成新的内容，日积月累，逐渐形成自己的教学风格。每个人有每个人的特点，每个人有每个人的知识，教学是个性化的，教学是不可复制的。所以在模仿中，是可以避免成为别人的影子的。模仿学习前，我会做三件事情：第一，系统地研究自我；第二，根据自身能力，有针对性地选择模仿学习的对象，选择最适合自己的模仿对象；第三，通过有效观课，对学习对象的教学教法特点进行概括归纳提炼，找到易于操作的切入点。近段时间，我研究了三位名师的课堂：余映潮老师的课堂基本功特别的扎实；王君老师课堂里思维发散性强，充满灵气；肖培东老师"浅浅地教语文"的理念很是触动我，他上课解读深入浅出，十分注重对文本的落实。关注文章的字、词、句，做好文本解读便是最适合我学习模仿，最易于我操作的方法。于是我每次备课都要求自己做好文本细读，密密麻麻地将好字句的解读写在语文书上，做好充分的教学设计，然后再比较名师的教学设计，思考他的方法适合我的学生吗？我可以借鉴哪个方面？应该如何结合学情进行操作？在上《植树的牧羊人》这一课时，肖培东老师采用"默读浅入，读法深扎"的方式，贴着文本、贴着学生、贴着语文的教学规律进行传授。通过指导学生在默读中圈点勾画关键字句，把握文章的结构，感受牧羊人的品质，悟出牧羊人的奇迹。模仿这个教学案例的过程中，我没有照搬各个环节的设计，因为我预设自己的学生答不出来这个故事的感染力所在。但通过指导学生默读并圈点勾画时，在悟读牧羊人品质时，我有意识地引导学生讲全了牧羊人身上具备的品质"毅力、无私、耐心、生活有条有理……"通过对字词句的斟酌细究，学生还说出了"通过牧羊人挑选橡子可以看出他的聪明"。是的，在阅读教学过程中，紧扣着文本，学生可以根据自身的情感体验，品读出自己的具有个性的感受。

尊重学生、鼓励学生大胆自信地参与语文课堂，能用流利的语言表达自己的观点。

每一朵花都有它盛开的季节。在模仿过程中，不断思考和探究，逐渐添加自己的特色，找到最适合自己的阳光雨露，花苞儿便能恰逢其时地盛放。

通过培训学习，我们不一定能从中获得一些解决问题的答案，但我们能从中获得启发，触及思考。十分感谢本次培训，感谢培训中遇到的人和事，让我醍醐灌顶，如沐春风，让我学会在专业语文教师的成长路上，耐心修炼，静待花开。

（顺德区伦教周君令中学　范晓丽）

憧憬拥有"一间辽阔的教室"

"光能照进来,风能吹进来,我在一间辽阔的教室……"

南京师大附中周春梅老师如是说。教室之所以"辽阔",是因为知识的广博,思维的多元,生命的多彩,收获的丰富。反观自我,从教仅一个学期,却深感身处于逼仄的教室中,学生课上疲惫麻木,自身教学力不从心,似乎陷入了一个无限的深渊。我不断地问自己,有朝一日真的能拥有这样"一间辽阔的教室"吗?

我苦苦寻求答案,把新教师培训视为"救命稻草"。这一次中学语文新教师课堂技能培训,我心里多少觉得有点麻烦:工作时间的调课,路程的遥远,培训的时长,与转正相挂钩的表现和分数,却不知会"换来"什么样的收获……

第一次踏进培训的教室,我的感受是两个字:局促。狭小的空间,陈旧的桌椅,新鲜的面孔,"年轻"的老师,一瞬间仿佛回到了充满青春和思辨的大学时代。我开始感受到"教师"转变成"学生"的角色了:作业布置,课堂表现,上课要求。我收起了手机,记录下笔记,倾听别人的想法,课后进行反思和总结感想。我也是一名学生了,却也不是老师心目中的优秀学生,只能我手写我思,将这五周以来最深的感触,融合、融进我的教学生涯之中……

着手塑造"专业的自我"

"专业"一词,如今在我们这些遍地都是的大学毕业生看来,哪怕是历经过大浪淘沙，层层筛选，我依然觉得受之有愧。但正因为不足，所以才有追寻，才走在了追寻专业的路上。我心里第一个着手塑造的"专业自我"是视野。也曾阅读过魏书生老师的书籍，也曾感慨一个文化水平并不高的教师，教授的是经过重点中学筛选下来的普通学生，但却教得开心，教得出彩，这其中有一个很重要的原因——魏书生老师具有非常开阔的视野。他搜集订阅各个方面的报纸图书——人文类、科学类、技术类、理论类等，各个方面均与学生息息相关，然后拿去班级分享，学生听得开心，也有所得，有所反思，有所记录，渐渐地，语文课堂充满了能量。有人也问魏老师："你怎么有那么多时间将这些东西分享给学生呢？更何况你身兼数职，几乎满世界跑。"然而"授人以鱼不如授人以渔"，魏书生老师带给学生的是一种学习的方法，同时激发他们的内在动机，在没有老师的情况下，学生依然能自学，依然能学好。这样，课堂上对教材的处理具有高效率，剩下的时间，是魏老师带给孩子们一个"开阔的世界"的时间。这样的课堂，该是何等的令学生期待啊！上学期，我也深受魏老师的影响，尽可能抽出课堂的5分钟时间，给学生分享一些课外的知识，学生们听着也很投入。在这个信息高速发展的时代，作为新一代的年轻人，我深感信息量巨大，内容碎片化，在带给学生一方视野的时候，在自己的视野不断开阔的时候，勿忘对信息的筛选力和整合力的培养。这也是我需要学习的第二种技能吧！

这场"追寻专业自我"的课堂，我深感周老师开阔的视野，私下和其他老师讨论的时候发现，大家觉得这样的老师"有广度"，站得高，看得远。若还有一项技能需要向老师学习的，应该就是语言的表现力吧！教学投影上寥寥几字，周老师却能信手拈来，不刻意，不停顿，思维的适时生成，这何尝不是我们在日常教学中应该学习的？

如何对待阅读？

阅读，应该是每一位教师都应该学会并坚持下来，融入自己教学生涯之中的能力。然而纵观我身边的人包括我自己，却惊觉"学会阅读"不过是一句空话。"中学生必读书目"，老师苦口婆心，在课堂上强制要求学生落实阅读，自己却一页也不翻阅；稍微觉得有责任心又怕出丑的老师，将网络上的"名著资料"整理出来，一本名著活生生压缩成一张张复习卷，以为这样便掌握了考试秘籍。这无疑是管中窥豹，一叶障目罢了。然而，在我身边却又回荡着这样的声音：

"这学期上级要我们阅读六本名著！你要是不这么做，你怎么看得完？考试学生怎么会考？"组长施压。

"老师，《骆驼祥子》我看不懂，它对我们的日常生活有什么借鉴意义吗？"学生抱怨着。

阅读，何时已经成了功利性的快餐文化？这样的阅读，我如何，学生又如何，发自心底爱上阅读呢？

然而我还得赶在琐事的前头，收拾一切忙碌浮躁的心，深夜点开床头的灯，平复下心情，安静地看着周春梅写下的《鸟笼》有感：

"急于给学生一片天空，实际上还是给了他们一只鸟笼。有的鸟笼一眼就能看见，有的则装饰得很美，掩映在绿树丛中，不易发现。更可怕的是，明明给了学生鸟笼，还坚定地相信那就是天空，将自己和学生一并囚禁在鸟笼中，自得地歌唱。"

事实上，"阅读"一直在不断地提醒着我们此时身处于鸟笼之中，越是备受压力，越要阅读；越是迷茫，越要从阅读中寻求答案。兴许有一天，鸟笼的顶是露天的，教室也是露天的，到那时我的心里，是否会感到辽阔些许呢？

观课中的反思

往后的三次培训并不从写教案、解读文本等入手，而是从观课开始——从观课方法、实践到点评，正好构成一个完整的系统。我亦从中看到了前瞻性：教学路漫漫，学会有效观课，才能给自己的教学路上源源不断地加足马力。观课的秘籍当然全部收录在学员们的本子上，一共四级十八阶。然而，具体如何观到课中的教学价值和不足之处，从而为我所用，则又需要实践的检验。在此，我又非常感激进行同课异构的两位老师，她们的胆识，她们在同课异构上投入的时间和精力，使我由衷佩服。"见贤思齐焉，见不贤而内自省也。"在此，我简单谈谈对文言文教学的感悟。

文言文教学对于新教师而言，最大的难题在于重点的把握和处理的方式。初中文言文教学应该把目光放在基础知识的架构上，还是应该放在解读文章内容的中心思想上？本次观课的过程中，有高中老师向我抱怨："初中老师没把文言文基础知识系统教给学生吗？为什么我们对此类学生又要重新开始教授？"然而我在初一时段得到的来自老教师的建议却是："初一的孩子，哪能这么快构建知识系统？应该以培养文言文兴趣为主。"学段之间的知识层面处于断开阶段，这也从侧面提醒着我：同一学科应该多去跟不同学段的老师沟通交流，才不会出现"该学的没有讲，讲过的却重复好几次"，使学生的知识衔接紧密得当，不至于对语文学习产生厌倦心态。

回到第一个问题，对于文言文知识架构，我想周老师的建议是希望教师能在初中教学当中建立起来的。但建立讲究方法，一是应提前准备与学生情况相适应的导学案，学生提前学习；二是在教学过程中教会学生关于文言文的翻译原则，诸如要"字字落实""单音节变双音节"等，我很庆幸在以往的教学过程中对此均有所涉猎；三是将实词、虚词和句式用法落实为专题，让学生对此有一个系统的认知。然而我个人认为，这需要一个新教师做到以下几点：一是能扎实落实好学生的笔记，培养学生良好的记录笔记的习惯；二是教师在大量查阅文言基础知识，并且最好将整个三年学段的文言例子整合完毕后，再对学生进行有针对性的讲解，方能做到"深入浅出"，同时又能激发并保持住学生学习文言文的兴趣。否则，那文言文对于学生来说，可就是一座还没攀登，就已经脚软的高山了。

第二个问题其实应该是新教师在一些声势浩大的教学改革中也会碰到的困惑,"是否有必要开展小组合作"。在我所处的学校里,小组合作已经开展第四年,在借鉴他校经验的基础上,亦步亦趋地紧跟着他人的步伐。但上级关于小组合作采取的是强制性要求,包括落实座位,包括课堂随机抽查,弄得"人心惶惶",视"小组合作"为大敌。这样浮于表面的小组合作,我不敢苟同,却也暂时没有探寻到一种更好的、更高效的小组合作模式。我认为,小组合作是众多教学形式的一种手段,首先要符合教师的教学风格和课堂管理;其次,小组合作要根据班级、教学内容、学科进行不断调整。小组合作事实上所倡导的不就是一种以学生为主体,教师为主导的教学课堂吗?然而多少课堂呈现的小组合作是热闹的氛围、丰富的手段,却流于表面的讨论,迎合教师的预设罢了!

培训后记

五周的培训时间不觉间从指缝中轻轻流走,我也暂时不会对学生说:"老师又要出去当'学生'了。"最后一次站在阳光下合影,匆匆离散,也来不及和周老师说上自己几点感想,心中有些惆怅。只有那局促狭小的教室里,曾记录着我们知识的传递、思维的碰撞、思想的交流、收获的分享。我想,在每一位新教师的心目当中,这间教室不过是一个教师生涯的起点,慢慢走出去,有朝一日会走进一间阳光倾斜、清风拂面,充满欢声笑语的辽阔教室!

(顺德区陈村镇初级中学 林芸)

人·师

教师,是我在这个社会上的角色。首先,我得成为一个独立健全的人。

做一个独立的人

或许是从小的家庭环境、家庭教育的缘故,我一直特别渴望自由。那何为自由?有天跟学生聊天,发现学生跟我所遭遇的情况类似,她也特别希望以后可以逃出家庭,获得自己要的自由。我说:"自由,看你怎么去理解。自由自在,无拘无束,我行我素,这是自由。有一份工作,在体制内尽量做自己,这也是自由。没有绝对的自由,自由只存在自己的心里。"我惊讶于自己能说出这一番话。毕竟,曾经自己内心也极度的叛逆,想要逃离。或许,这就是生命、岁月给予一个人的礼物。

工作以后,自己更明白,成为一个独立的人或许会比成为一个只追求所谓自由的人更好。独立,不只是经济上的独立,更重要的要"做一棵向上生长的树,有根,有基,有底气"。现在教育的改革也好,时代的发展也罢,对教师这个职业的要求越来越严苛。想想自己怀揣着以往对教师的美好幻想,对教师这个职业的崇敬,进入了这一行。但是进来之后发现,现实就是现实。你可能需要为了人际关系做出一些调整或让步,需要为了完成教学任务而舍弃一些素质上的教育,甚至可能自己的一些教学方法不被前辈认可而要修正。面对这些情况,内心无数次的反抗、抵触。但是,还是会屈从于现实。这也是一种"成长"?后来明白，我可以在工作中屈从，但生活中我依然可以做自己。我非常赞同一句话"工作只是生活的一部分"，我没必要把工作中的所有情绪都带到下班后的个人生活中。"优雅地行走"，这是我觉得值得用一辈子的时间去追寻的。看着身边的同事因为学生犯错而大发雷霆，声音回荡整个校园，那副形象真的与教育者这个身份不符。我很担心生活在这样的环境里，自己两年后也会变成这样。且不说这样大发雷霆收效如何，这一行为本身已经极大地伤害了自己。伤害了自己的身体，伤害了自己为人师表的形象。"优雅"，不仅是姿态上优雅，更多的是需要修炼我们的内心。做到工作与生活区分开，这是一门技术，也是艺术。我需要努力。

记得新教师培训时，有个新教师分享自己的教育故事时，说到他的做法不被认可，但是他还是坚持认为学生可以按照他的方式做得更好，最终他证明了他的做法是可行的。当时很有感触。关于语文教学，有件我至今不能释怀的事情。当时在讲授毛泽东的《沁园春·雪》这首诗。由于这是一首现代诗，不会出现在考试大纲中，不做重点的讲解和学习。但我认为，学生除了应该背诵一些考试大纲里的诗文，还应该识记一些具有代表性的现代诗，应该培养学生朗诵的兴趣和能力。所以，在分析了这首诗以后，给学生听了一些名家对这首诗的朗诵，接下来就让学生根据自己的理解练习朗诵这首诗。学生饶有兴趣地进行练习。每个学生对这首诗有不同程度的理解，所以在练习时的语音语调也会有所不同。但无奈这一幕被领导看到，而事后领导也提醒说这一类的练习声音似在捣乱，不应该让它出现。我深受打击。从那以后，我没有了这一类的训练，而平时的上课也开始循规蹈矩，少了跟学生的拓展和交流。我开始怀念前两年自由的教学。

我的课堂，我不想要拘泥于课文知识的理解和解读，希望学生可以在自己讲课时发散出许多有趣的提问，跟他们一起探讨，一起分享。可能我完不成这节课的教学任务，但我认为有必要与学生讨论一些课外的东西。或许此时大家的认知都不完善不成熟，但是很多道理和收获都是在这个过程中获得的。至今，我在课堂上跟学生讨论过青春期（童年）与自杀，毕业季与珍惜，女权主义与人文主义，甚至用身边的真实案例跟他们讲青春期叛逆。那节课我哭了，当时觉得自己好像很幼稚。但后来想想，用这样一种方式讲述，或许他们更能明白青春期叛逆的后果。

语文，应该是人文性和工具性的统一。如果语文只剩下了解题的思路，只有写作方法，只有中心思想的归纳等此类的工具性，那还能称其为"语文"吗？我认为语文应该是具有温度和血性的，体现人类"人"的属性的。所以，我越来越希望保持自己对于语文的理解，接受别人对我的批评与评价，但是坚持自己的风格。我相信，几年后学生或许已经忘了你教过什么课文，但是一些人文性的交流会留在他的心底。

追求自由，追求独立，放平心态，不骄傲，不放纵，不卑不亢。

做一个独立的人，"生活不只是眼前的苟且，还有诗和远方"。

做一个有思想的老师

"师者，所以传道授业解惑也。"这是传统意义上对教师的基本要求，也是教师的基本专业素养。除此之外，我更希望成为一位有思想的老师。

记得上次老师提问对前段集中培训的感受，我说：那些太过理论，需要深入浅出地讲解更好。但坐下后，马上想到：其实理论是必要的，理论指导实践。后来老师也讲到，不少的真正的大家后期都会专注于研究理论。理论，是前人实践的总结、经验的集合、智慧的结晶。对于后来人的实践行动是具有指导作用的，也可以打开一个人的思想境界。就如"如何观课议课"这个专题的讲座，以前去听课只是单纯地看这个老师怎么讲，学生有没反应，甚至有时会反感去听一些"表演课"。但听了这个讲座才发现，一堂课应该关照到方方面面，我们可以从更专业的角度去"观课"，而不是"听课"。

以前也不喜欢去看那些名师的著作，认为那只是他们经验的总结，并不一定适用于自己的情况。但现在想来，学生的本质是相同的，事物的本质是相通的，多看这些书，可以给自己提供更多的解决方法，发现自己身上的不足，不断地修正和完善自己。

这几次的培训，我总惊叹于周老师的思想和言论。"要给学生一滴水，自己先要有一桶水。这一桶水是死水呢？"这一句话给了我一记深刻的思考。有些我们深信不疑或习以为常的话，已经吞噬了我们的思想。这让我想起了我的高中语文老师，和那一段经常读书看报的高中时代。对于世界的好奇和认知，似乎是从那个时候才开启的。

高中语文老师是湖北人，那时候我并不会好好听课，还会因为他说"没有"这个词的严重口音而嘲笑。但现在想想，他在课堂里给我们介绍过许多的著作，而且总是信手拈来，对于一些时事新闻，也会与我们一起分享他的见解。这既是他专业素养的体现，也展现了他的思维能力。读书看报，那时候一份报纸全班争相传阅，时事、社会、体育，各个版块看个遍。现在印象最深刻的是"汶川地震"那一段时间里，大家的思想似乎就是在那段时间推向了高潮，对社会有了更多的意识，让我开始思考这个世界的人与事。现在想想，这些都弥足珍贵。

毕业进入教师这行，偶尔能够听到几节男老师的语文课，现在想来，那是一种享受。想起实习时有个男老师讲《鲁提辖拳打镇关西》，毕业后听到有个男老师讲鲁迅的《雪》，他们课堂上对于文本的解读，对于细节的讲解，对于问题的设置和引导，对于课堂流畅性的把握，这些都与女老师有较大的区别。他们对于文本有更深的理解，对于学生的引导更具耐性，对思想的启发更开阔。不可否认，男性与生俱来的理性意识会使他们更容易对于这个社会的认识和解构达到一定的程度和高度。而这是女老师很难企及的。

阅读，被认为是可以提高一个学生语文成绩的途径。同样的，阅读还可以提高一个人的思维能力，拓宽视野。在阅读中看别人的故事，别人的人生，再反观自己的生活，这似乎就是你与作者的交流吧。阅读，我更希望达到的一种状态是：有自己独立的见解。"一千个读者有一千个哈姆雷特",每个人依据自己的知识水平、社会阅历,会对同一篇文章有不同的理解。我们经常调侃说:古代诗人在写某一首诗时,其实并没有想表达那么多的情绪和思想,甚至没有什么想法,只是现代人非要与时代和诗人际遇牵扯上关系,赋予这首诗种种情感与解读。我们没有必要非给某一首诗、某一句话赋予什么样的含义,每个人在不同的人生阶段都会有不一样的解读,只要能够去阅读、欣赏、思考、反观,我想那就够了吧。

"变是唯一不变的"。我们处在生活的道路上,需要对万事万物保持接受、理解、包容的态度。而现在总是容易出现那么多的心灵鸡汤。我们需要保持一种警惕和辨析的态度。

对时事的关注,这是我希望自己和学生都能做到的。处在这个世界,我们不可能完全抽离独立出去。政治、经济、文化,我们都身处其中。当我们用发现、探索、欣赏的眼睛和心理去看待这个世界的时候,我们就是在为自己而活。

以上种种,我希望自己可以好好反思,努力做一个有独立思想,而又能与学生平等交流的老师。

人,要有"温润之心,优雅之态,思想之辨"。师,我希望,他的理念是"真正的教育是生命的完善,心灵的洗礼,灵魂的感化""令其自悟,教其自得,不教之教"。

(顺德区潘祥初级中学 许润梅)

做一个专业、勤学、严谨的语文老师

2017年3月19日到4月19日，我参加了由杏坛中学周小华老师主持的顺德区中学语文新教师培训。短短的五次培训，既包含了周老师的心得分享、理论指导，又有听课实践、评课反馈。因为周老师得当的组织和精心的安排，整个培训活动丰实有序，给了我前所未有的启发。"叩之以小则小鸣，叩之以大则大鸣"，周老师以其深厚的文学文化底蕴和风趣幽默的语言唤醒了我对理想型教师的向往，鞭策着我前行。步入正式的高中语文教师行列之际，我将谨记"专业、勤学、严谨"。

专业：广学而博，专一而精

这次培训并非第一次接触周老师。犹记一年前在华师文学院院楼参加杏坛中学的教师招聘专场时周老师向我提的两个问题："你一年大概读几本书？""对你来说影响最深刻的教育专著是哪一本？"记得第二环节《囚绿记》说课环节我说出了自己对于散文教学的看法，周老师作深思状，偶尔点头肯定，吴秀霞校长的目光亲切温和，给了我极大的鼓舞。尽管最后无缘杏坛中学，我仍时常忆起与你们二位短暂交谈的情形。如今再次见到周老师，乃深切理解当初面试时那两个问题的用意。周老师组织的第一次培训的主题即是"追寻一个专业的自我"。"专业"一词自培训初始到最后叮嘱就是出现频率最高的词。那么如何提升自己的专业性？

对于如何提升自己的专业性，周老师结合具体案例生动地提出了

"视野""底蕴""修为""情趣""语言力""驾驭力""阅读力""写作力""理论力"和"统整力"这十个关键词。

本人十分认同周老师所说"教育应该是鲜活的,给学生呈现未知的世界"。这关乎学识的宽度。当一个老师将上下五千年历史熟记于心,天文地理军事国际视野广阔,古今中外文学文化深厚渊博,那么他一定就为学生打开了广阔的时空,让学生在思想的世界里驰骋。周老师就是这样的老师,难怪他的学生会有一种"智商被碾压"的感觉。培训过程中,周老师对于著名教育学专著信手拈来,比如:窦桂梅的《做一个有专业尊严的老师》、周春梅的《一间辽阔的教室》、布朗的《学会提问:批判性思维指南》、帕默尔的《教学勇气》等等,让我课后在实实在在的阅读中饱尝了教育教学理论知识之甜。周老师推荐的这些书目理论与实践紧密结合,让我在阅读中频生共鸣。除了书目,优秀的电视节目如"罗辑思维""朗读者"等也是周老师极力推荐的。在这个"互联网+"的时代,获取信息、知识的途径大大地拓宽了,从传统的纸质书到电子书,用以获取最新资讯的报纸到微信公众号,都可以成为我提高自己专业水平的途径。

提高专业性不仅要博闻强识,而且一定要钻研。《学记》第十四章提到"记问之学,不足以为人师"。记问,是对教师的知识水平和教学方法而言的,就是现学现教的零碎知识。徐瑄注解:"全无实学,只凭记诵以待问。"姚纪恒注解:"其学徒揣人所应问者记诵而已。"高时良认为"记问之学"的"学"字可作"教"(敩)字解,说:"记问之教,不足以为人师"。[①] 如果教学光靠从百度上搜索得来的零碎知识,教师可能可立足讲台三天,但不能立足讲台三年,这样的老师,迟早会被学生看破——咦,没料的老师——这一定是对教师这个身份最大的侮辱。所以,要让自己变得更加专业,就一定要钻研,要讲究深度。周老师说他的手机里有四千本电子书,每当他思考一个问题时,他便遍阅相

---

① 高时良,《学记研究》,人民教育出版社,2006年版,第183页。

关的权威书籍，有时多达几百本。我肃然起敬，同时对"学科带头人""顺德区第二批教师工作室主持人""广东省首批骨干教师培养对象"和"广东省基础教育系统'百千万'人才培养工程名教师培养对象"这些称号所代表的意义有了更加深刻的认识。这才叫作专业老师啊！

"问渠那得清如许？为有源头活水来。"

"有专业尊严的语文教师是最美丽的。"用知识给精神化妆，我相信，有实力，才有魅力！

勤学：朋辈互助，见贤思齐

与我参加过的众多其他教研活动不同的是，这次新教师培训把朋辈间合作互助的理念发挥到了极致。在这一个月中，我有一帮和我一样刚从大学毕业、刚刚走到顺德各中学语文教师工作岗位的同行，也是同学，我们每次按照约定的时间地点相聚在一起。尽管时间短暂，但我在这次培训中认识到了不少"牛人"，他们思考问题的角度各异，他们文学积淀深厚，语言运用能力超强，如林柔莹老师、林涵老师、冯敏怡老师等等，我们互相讨论、沟通，甚至相约"同课异构"切磋切磋。我想，朋辈间的互助更见成效。所以我尤其感谢周老师为我们组织了一次观课评课活动。

上课的两位老师分别是叶伊娃老师和林祎敏老师。他们选取的是以刘禹锡因革新失败被贬至安徽和州县，当一名小小的通判，而且被故意刁难且把他的住所安排得越来越简陋，刘禹锡愤然起笔写下了《陋室铭》。我是提前得知他们的选篇的，便提前设想，假如是我上这节课，我会怎么上。带着自己的教学简案，我认真听取了两位老师的课。她们的课风格迥异，一动一静，一快一慢。叶老师的教学设计环环相扣，抓住了初中文言文教学的落实文言字词的重点，其突出的亮点在于联系学过的古文的重点字词以印证新课中实词的意思这个环节。学生思维活跃，课堂节奏推进顺利，呈现出"无瑕疵"的展示课的状态。但林老师的教学设计更符合我的口味——以背景故事导入趣味横生,对刘禹锡个人认识更深,以教材为例学习一个专题,第一处陋室的"面对大江观白帆,身在和州思争辩",第二个陋室的"垂柳青青江水边,人在历阳心在京",以及最后忍无可忍的《陋室铭》形成一条线索,不仅串联起诗人的生平,还揭示了创作背景,帮助学生理解诗人的感情。她创设"当我走进陋室,我看到的是……"的情境,帮助学生进入具体的情景。可惜这个环节没能激发学生的思考和兴趣,究其原因,一是学生没有做好预习工作,二是老师在教学过程中没有关注到学生的思维情况,于是师生在这节课中似乎总是不在一个节奏和频率上,课堂气氛沉闷,学生注意力不集中。"一个人所能了解的感情,只限于和他自己感到相仿的感情。别的感情,表现得无论如何精彩,对他都不生作用。"[1] 如果教师不能很好地联系学生的生活实际,照顾其学习和思维起点,便无法真正激发其兴趣,也无从调动课堂气氛。无论怎样,这次听课评课活动确确实实提高了我的理论水平、观课评课的能力。朋辈交流学习更是促进了彼此的自我认识,在对比中成长,在反思中前进。

另外,不得不说的是,最后一次培训时第一小组林涵老师可圈可点的表现让我们竖起了大拇指。他不仅准备充分,表达流利,演示文稿简洁得当,而且在最后展示了该小组平时的互动截图,将小组合作准备的过程用风趣的语言说了出来,让我开怀之余更是感慨林老师情商之高。

"见贤思齐,见不贤而内自省也。"在学习尤其是同辈间学习的过程中,必须善于反思与总结。

严谨:治学严谨,保持研究状态

严谨治学是《中小学教师职业道德规范》的第四个内容。所谓严谨是指严密细致,治学为研究学问。那次听课活动有一个小细节被众多

---

[1] 丹纳,《艺术哲学》,傅雷译,人民文学出版社,1963年版,第39页。

老师遗忘——叶老师在介绍作者刘禹锡时有个学生说"唐宋八大家",叶老师重复了一句"唐宋八大家",却没有及时纠正——刘禹锡并非唐宋八大家之一。这或许是缺乏严谨的表现。而周老师作为事务繁忙的副校长尚且严谨治学,更何况我们?曾与同事胡少甫老师聊起周老师,我们一致认为周老师处事严谨认真、负责任,从组织本次新教师培训的种种细节中便可见得。周老师给我们上课时的状态更像是一名学者,像大学里的教授。反观所评的两节课,我对于教材直接把"白丁"注释为"平民"较为不解,所以课后查阅了词典找到了其引证——《隋书·李敏传》:"〔隋文帝〕谓公主曰:'李敏,何官?'对曰:'一白丁耳。'"岳飞在《奏乞除在外宫观第三札子》里提到:"伏念臣起自白丁,误蒙器使。"如果课堂上给予学生更多的更严谨的引证,是否可以使注释更加合理,让学生更加信服呢?所以一般而言,讲文言文之前我会先自己疏通翻译,对于有疑惑的查阅词典或者古籍,而不是完全依赖教材所出示的注释。

周老师不仅严谨,他还一直保持着研究的状态,而研究的状态让他的工作更加卓越有效。这给我的启发便是,无论是理论研究还是行动研究,都必须有研究的意识。我坚信,研究的状态和非研究的状态所带来的成效一定是不同的。广州中学吴颖民校长指出,研究就是主动寻找根本原因与更高可靠性依据,从而为提高事业或结论的可靠性和稳健性所做的工作。教育教学有其规律,那么教研就是要揭示其规律。我相信这不仅是教研员的工作,也一定是我们这些普通老师的工作。只有加强教育教学研究,我才可以真正走出一条专业成长的路。

回首这次培训,脑海里回响的不仅仅是周老师"启"的话语,还有自己课后阅读浏览相关书目和视频时"发"的瞬间。比如罗振宇《时间的朋友》中讲的"没有需求,就用意义编织一个;没有市场,就用认知开拓一个",让我想起霍金的"金鱼缸"理论。有多少人正处在用意义和认知熔融而成的金鱼缸里,像金鱼一样悠然自得地游来游去,聪明的那几条或许已经发明了适用于金鱼缸的物理定律,然而这一套物理定律对于金鱼缸外的世界而言是毫无意义的。对于人类,我们会不会

就处在这么一个我们观察不到的、巨大的金鱼缸里呢？所以，适时地跳出来，换一种思路，换一个角度，可不能因为任何一个他人用意义编好了的方向而迷失自己的方向。

最后，衷心感谢周老师为我们这次新教师培训所做的准备和精心的安排，感谢顺德区教育局如此关心新教师群体，给予我们培训学习的良机。

（顺德区容山中学　邓淑君）

后记

回首向来"诗意"处

我做顺德区语文新教师课堂技能培训指导老师已经三年了。三年的培训岁月，和年轻人在一起，总是诗意盎然。青春、个性、自由、热忱洋溢在我的生命里，让我顿时也变得年轻起来。

我对新教师课堂技能培训充满着敬畏。因为我是学科专业的引领者，我把职业之初的中学语文新教师引向何方，对于他们来讲，尤为重要。

我的课程设计注重学科专业引领。我不想只是讲解刻板的教学技能，而希望我的培训课堂充满活力、张力和生命力，能真正与年轻的心产生共鸣。我认为，只有情感的共鸣、思想的共振，才能不失语文学科的丰富、纯真。

我设计了"见贤""博学""授渔""笃行""争鸣"五个板块，"见贤"是语文价值的终极追问，做一名有专业尊严的教师；"博学"即浸润于书籍中，"但得爱书人似我"，用读书点燃情感、触碰思想；"授渔"是传授课堂教学的技能；"笃行"是基于技能的实践，"实践出真知"；"争鸣"即在"授渔"与"笃行"的基础上交流、分享、碰撞，更好地提升专业素养。

五次课就是五次教育的诗意之旅。我享受到了自由、安全而充满激情的课堂，消除了学员们把培训当成负担的顾虑，让他们每一次都有收获，都有触动，都有启发。

"培训伊始，我本以为又是千篇一律的理论堆砌、自我吹捧，遂决定远远地躲在后面'自成一统'，管他春夏与秋冬。但周老师温文尔雅的气度、丰富渊博的学识、不缓不急的语调很快吸引了我。"每每读到学员的心灵之语，我愈发感怀，愈发感到责任重大，希望和他们一起优雅地行走，诗意地栖居。

每次培训结束，学员们在QQ里留下许多温暖的话语，那时，我似乎觉得，我不再是他们的指导老师，而是彼此敞开胸怀的朋友。一期培训下来，六七千字的师生QQ交流，让我倍感愉悦与自豪，因为那是心与心的交流，我们彼此畅谈文学，分享心得，交流思想，似乎一切都是那么的充满诗意。

所以，我常常怀念那一间简陋的教室，在那儿，一支麦克风、一支粉笔、一个简单的PPT、一个朴素的语文人，用纯粹的声音传递温暖的知识、深刻的思想，那是多么令人艳羡的教育意境。

我的培训让他们的思想自由驰骋。在培训中，他们或对自我深刻的剖析，或对往事深切的追忆，或对课堂的自我反思，或对未来的美好憧憬……一切的一切，让我们的世界都有了别有洞天之感。《愿把金针度与人》中有对往昔贤师的怀念，对如今班主任工作的反省；《且行且思》中有对过去经历的回忆，对大学时光的眷念；《一言堂、满堂灌几点所思所想》中有对固有思想的批判、对独立思想的建构……我们的情怀、我们的思想在小小课室里有了更自然、更真切的融通。

我很珍惜这一切，教育的诗意就在那儿。

尽管为期五周的培训是那么不容易，但大家都努力克服困难，相聚在这里，共同体验知识的启悟和思想的力量，这是无比美妙的事情！

诚如顺德区勒流富安初级中学叶伊娃老师所说："短短五次相遇，似人生中一场虔诚的修行，每一次擦肩，我都放慢脚步，让此时能有一刻停止，可以让我驻步流连，静静思索。"是的，我们都在虔诚地修行，都在驻步流连，都在静静思索，行走的每一步都弥漫着诗意的气息。

回首向来"诗意"处。我把学员们的所记、所思、所感汇编成《明亮的灯》，彼此照亮，彼此温暖，形成一个璀璨的星空，让更多的年轻教师能感受到星空之美。

2018年12月